Titolo |Vi racconto come sono diventato ricco
Autore | Fury

ISBN | 978-88-91186-94-2

Youcanprint Self-Publishing
Via Roma, 73 - 73039 Tricase (LE) - Italy
www.youcanprint.it
info@youcanprint.it
Facebook: facebook.com/youcanprint.it
Twitter: twitter.com/youcanprintit

Vi racconto come sono diventato ricco

Ai miei figli

Prefazione

*Non avrei mai immaginato di scrivere un libro.
Mentre compilavo il racconto e i personaggi parlavano, sentivo dentro di me una strana sensazione
di gioia, mai provata prima. Scrivendo ero certo di
dare qualcosa all'umanità e al mondo e questo mi
rendeva felice.
Ancora oggi quando torno a leggere queste righe
mi assale il dubbio sull'autenticità dell'autore.
Si può scrivere ciò che si è appreso con lo studio,
ma è anche possibile raccontare quello che si sente
e che si è sentito.
L'intelligenza ha capacità risonanti e sceglie cosa
incontrare. Sono i percorsi favorevoli dell'aria, del
sogno e dell'immaginario guidato. Allora può accadere che la mano muova da sé, seguendo un itinerario o una corsia preferenziale oltre la volontà.
In quel caso la ragione trascesa, osserverà
l'emozione che guida la penna, segnando le linee
invisibili del cuore.
Quando siamo in ascolto c'è neutralità e possono
accadere cose particolari che la mente non comprende. Non esiste un unico mondo nell'individuo
come nell'universo non c'è un'unica dimensione. I
nostri piedi poggiano su questa sacra terra e le
gambe ci fanno camminare su di essa, ma non le
apparteniamo completamente. Tutto l'universo è
dentro di noi e nella sua coerenza desidera e favo-*

risce la nostra felicità. Sono le valutazioni e le scelte a dipendere dall'essere umano. Siamo liberi di seguire il percorso che decidiamo, ma non dimentichiamo che accanto ad una testa che ragiona c'è un cuore che sente e dov'è il sonno e l'illusione vi è la veglia e la realtà. E questo non può essere trascurato.

FURY

Introduzione

Le pagine che seguono sono state annotate di getto, in una notte. In quell'occasione, tra il sogno e la veglia le vidi e, cosa alquanto insolita per me, sentii le voci dei personaggi che le animavano. Uscii dal letto e senza pensare iniziai a scrivere. La mattina seguente riesaminando i fogli mi resi conto che avevo redatto molto più di quanto pensassi. Nella mia mente si era impresso tutto quello che avevo sognato fin nei minimi particolari come se fossi stato presente fisicamente a quell'evento. La forma grammaticale e la punteggiatura non erano perfetti ma il contenuto era chiaro. Misi da parte quei fogli e per un po' di tempo li lasciai sul tavolo.

Qualche giorno dopo, per motivi di lavoro venni convocato dal proprietario di un'azienda, un uomo ricco ed influente. Alla data stabilita mi presentai all'appuntamento e dopo aver aspettato alcuni minuti in sala d'attesa venni ricevuto. Entrai e notai immediatamente che l'uomo che avevo davanti non era in buone condizioni fisiche. Un dolore lancinante alla schiena lo teneva seduto immobile alla sedia. Dopo il breve colloquio d'affari non riuscii a trattenermi e gli consigliai, con le dovute cautele, un po' di riposo, ma la risposta fu che quella parola non compariva nel suo vocabolario. Le preoccupazioni e i troppi impegni non gli permet-

tevano un attimo di pausa.

Dopo quell'incontro tornai a casa, ripresi le annotazioni fatte quella notte insonne e iniziai immediatamente a sistemarle. Quegli scritti, in forma di racconto, trattavano della ricchezza e della felicità. In quel momento capii che dovevo farli conoscere a più persone possibili. Per essere felici è necessario essere equilibrati. Il manager incontrato malgrado l'ammirevole tenacia, mancava di equilibrio tra l'essere e l'obiettivo da realizzare. Era ricco ma non era felice. Aveva raggiunto la meta ma gli stava sfuggendo l'essenziale: la vita. Per amore della ricchezza stava perdendo la salute e, come più tardi mi dissero, anche gli affetti. Troppo spesso in questo tipo di mondo si vedono situazioni simili. Sembra non esserci compatibilità tra le due cose.

Da questa domanda è nato questo libro.

All'alba il sole scaglia la propria luce sulla terra; se vuoi vederla devi aprire le finestre della tua camera. Quando leggerai fai muovere le corde del tuo cuore e senti come si espande il petto, sarà quella dilatazione a renderti improvvisamente felice. Non pensare, non è una questione di intelletto. Semplicemente disponiti a vibrare tra le parole. L'ispirazione è al di là della ragione e dei sensi e la sua provenienza è ignota. Ricordati, ciò che cerchi con tanto affanno è dentro di te e aspetta solo di essere mosso.

Per te, Fury

1

Diventare ricchi, una questione di volontà

*Se vuoi raggiungere qualcosa
vai dove esiste quella cosa*

Tanto tempo fa, in un villaggio lontano a ridosso dei monti, viveva un povero uomo di nome Fury, la cui aspirazione era quella di diventare ricco. Nella sua esistenza tentò in tutti i modi possibili di raggiungere quell'obiettivo ma, malgrado gli innumerevoli sforzi, non riuscì a realizzarlo.

Fu così che un bel giorno, visti i suoi tentativi

falliti, decise di fare un esperimento rivoluzionario e unico nel suo genere. Attraverso la sola forza del pensiero e solo in quel giorno prestabilito, immaginò di essere l'uomo più ricco del mondo. Nella realtà lui non aveva nulla e continuava ad essere povero, ma il solo pensiero della ricchezza in quella parentesi giornaliera lo rese improvvisamente e inaspettatamente anche un uomo felice.

Sin dal primo mattino, come in una favola magica, tutto era cambiato; malgrado la condizione restasse identica a quella di prima, l'uomo in cuor suo sapeva che quel giorno sarebbe diventato ricco e doveva, con la propria determinazione e l'immaginazione, sforzarsi di credere e adattarsi alla nuova situazione di nobile. Quell'esperienza fu memorabile e segnò per lui un nuovo inizio, perché gli fece provare le sensazioni che sperimentano le persone ricche; in più, la sua gioia aumentava poiché nell' intimo lui comunque sapeva che tutto ciò avveniva con la sola forza di volontà e la capacità di visualizzarsi nel nuovo ruolo, ma questo poco lo importava. Fury non voleva assolutamente pensare che tutto ciò fosse una parte recitata, lui era certo di essere ricco, perché ne era convinto e lo desiderava veramente, con tutte le sue forze.

Mentre il giorno trascorreva, verso sera fu preso da un senso di malinconia poiché il tempo stava per scadere e doveva tornare alla reale situazione materiale, quella di povero e indigente. Così fu.

Qualche tempo dopo, un vecchio amico gli fece visita, lo trovò triste e gli chiese come mai fosse in quella deplorevole situazione. Allora Fury gli raccontò dell'esperimento; che aveva immaginato e visualizzato, con la forza di volontà, di essere stato l'uomo più ricco della terra e questo gli aveva procurato una tale gioia come mai aveva provato prima. Egli disse anche che non avrebbe mai più dimenticato quei momenti di felicità per il resto della sua vita. Il suo amico, mentre ascoltava attentamente, ebbe l'impressione di vedere in quella storia qualcosa che andava oltre la semplice ricerca della ricchezza materiale. L'aveva intuito osservando il ragazzo, mentre parlava, dal tono della voce e dai tratti del suo viso, che s'illuminavano nel ricordare quella giornata memorabile piena di gioia. Di sicuro nemmeno Fury si rendeva conto di quello che stava accadendo e di ciò che aveva provato veramente, ma l'anziano ascoltatore, esperto della vita e degli esseri umani, intuì che l'esperimento dell'amico, nella disperata ricerca della ricchezza, lo aveva portato, nella realtà, ad incontrare qualcosa dentro di lui, che nulla aveva a che fare con piaceri di tipo mondano. Lo esortò, allora, a provare di nuovo l'esercizio, sottolineando di fare attenzione all'atteggiamento e alla determinazione nel proposito. Anche Fury da parte sua, mentre ascoltava ebbe la vaga sensazione che qualcosa d'inaspettato doveva per forza essere accaduto, vista la sensazione di felicità effettiva che si era procurato. Fu questo, molto probabilmente, ciò che fece scattare in lui quella convinzione, che lo portò a trasformare il semplice esperimento in quello che poi sarebbe diventato l'esercizio principale nel futuro della sua vita.

Con il passare del tempo la nuova pratica iniziava a procurare all'uomo momenti tali di gioia e felicità reale che lui stesso cominciò a credere che qualcosa stesse cambiando veramente, malgrado tutto fosse materialmente rimasto identico a com'era prima. Nelle sue meditazioni Fury si domandò spesso che cosa stesse effettivamente trasformandosi, visto che la condizione e la sua dimora erano praticamente rimasti identici. Ci volle qualche mese, o forse un anno, per convincerlo che quella che lui ora stava provando era semplicemente identificazione; come lo era prima riguardo la povertà, lo era anche adesso a proposito della nuova situazione che stava nascendo.

L'unica e importante differenza era che adesso qualcosa era cambiato veramente; forse una parte di lui aveva toccato una dimensione più profonda; di sicuro nella mente era avvenuto uno spostamento. Fury si era mosso e tutto improvvisamente, come in un miracolo, si era trasformato. Ciò che cercava disperatamente all'esterno, d'improvviso iniziava a vederlo dentro di sé. Nella realtà, era stato sempre lì, ma solo ora ne era divenuto effettivamente cosciente.

2

L'essere umano ha infinite possibilità

Allorché iniziamo ad avanzare
immediatamente in alto viene stabilito un aiuto

Esternamente tutto restava identico, ma nell'
interiorità qualcosa era cambiato. Fury non era
più povero come aveva creduto sino ad allora,
adesso era certo di avere dentro di sé le facoltà
ed un potere che gli permettevano di fare delle
scelte e, anche quando non avesse fatto nulla,
sarebbe stato comunque felice, quale risultato
della nuova consapevolezza acquisita. Di fronte a lui, si apriva inaspettatamente un mondo

di opportunità, dove è possibile valutare cosa fare, ma soprattutto cosa essere. Il primo e necessario cambiamento era avvenuto; quella sottile e invisibile convinzione in termini di pensiero si proiettava in avanti, apriva un varco e dava nuove possibilità di realizzazione effettiva. I suoi schemi, le sue vecchie convinzioni venivano ora osservate da un'altra prospettiva e potevano essere rielaborate per renderle coerenti alla nuova direzione che stava nascendo. A dire il vero, lui all'inizio non aveva assolutamente considerato questa seconda ipotesi. L'unico obiettivo nella mente era quello di raggiungere la ricchezza delle cose che, a parer suo, gli avrebbe procurato quella felicità tanto desiderata.

Cercare il piacere, essere felici è una naturale inclinazione degli esseri umani ed è ciò che permette di evolvere. Ora però, le cose stavano cambiando e Fury voleva capire veramente quale destino era chiamato a realizzare. In questo momento partire bene, aggiustare la mira, era indispensabile per evitare di commettere errori in futuro. Osservandosi, ascoltando le esigenze dell'anima e non solo quelle della mente, gli avrebbe permesso sicuramente di capire quale era la cosa migliore da fare. Realizzare la ricchezza rispettando la propria essenza, questo il nuovo obiettivo da raggiungere. La conseguenza di questo allineamento avrebbe prodotto la felicità tanto desiderata. La sensazione di pienezza che quel semplice esercizio gli aveva procurato, lo aveva inaspettatamente messo di fronte a questi nuovi quesiti e ad una scelta decisiva. Adesso non era più solo una questione di ricerca di qualcosa, quanto piuttosto, di realizzare la propria essenza più profonda.

Chi lo conosceva cominciava a chiedersi cosa gli stesse succedendo e il motivo di questa apparente felicità. Per di più, tutti continuavano ad essere testimoni della povertà materiale del personaggio. Ma, ciò che molti non sanno, perchè abituati ad osservare solo la superficie e le forme esteriori, era che adesso le cose erano cambiate, ed erano cambiate veramente, poiché era l'interno dell'uomo che si stava trasformando, con nuove potenziali possibilità creative per lui e per l'esistenza tutta. Le persone, incontrandolo, si accorgevano di come il suo essere emanasse qualcosa d'inspiegabile; come una luce misteriosa che pochi riuscivano a decifrare, ma che molti iniziavano a testimoniare. Qualcuno addirittura iniziò a fargli visita

per chiedergli come avesse potuto fare. Pur rendendosi conto della situazione di povertà, la gente che lo incontrava era attratta dalla forza magnetica che questo semplice personaggio iniziava ad emanare. Alcuni arrivarono addirittura ad additarlo come l'uomo che nulla aveva, ma che tutto poteva.
Fury, dal canto suo, non demordeva e continuava ad esercitarsi nella nuova pratica.

3

Dalla circonferenza al centro, l'inizio del contatto

Non siamo noi a creare è quando ci lasciamo attraversare che avviene la creazione e da questo allineamento nasce l'arte

Poi, un giorno, mentre era profondamente assorto all'interno del cuore, Fury pensò ancora: "Se un uomo può diventare ricco semplicemente con la forza di volontà che è in lui, può anche con questo potere essere capace di raggiungere qualsiasi obiettivo egli si prefigga". Può, cioè, entrare veramente nella vita come protagonista ed effettivo creatore del suo destino. In questo essenziale e decisivo processo interiore, sarebbe stata l'osservazione cosciente di se stessi il fattore determinante, che avrebbe stabilito coerenza nella direzione da prendere. Era importante questo punto, per evitare di commettere l'errore di imboccare un percorso che non era il suo, poiché non allineato alla sua essenza.

Nelle meditazioni, che si facevano sempre più intense e prolungate, Fury si era ormai convinto che la forza che permette di realizzare i nostri sogni non è esterna a noi, ma interna, cioè dentro di noi; e fortunatamente ciò risuonò in lui come un punto fondamentale e decisivo. Questo tipo di forza non è materiale e visibile, come molti credono, non ha cioè una consistenza fisica; non ha nemmeno a che fare con il tempo e lo spazio e soprattutto ha una propria modalità per raggiungerci a noi sconosciuta. Nella maniera che le è propria, questa forza continuamente c'informa, ci parla e ci racconta della nostra connessione con l'esistenza e con gli altri; ci dice chi siamo veramente e perché siamo qui. È lei che ci riporta laddove possiamo vedere finalmente oltre le apparenze; questa forza è sempre con noi, anche quando pensiamo di essere soli ed è capace di confortarci nei momenti difficili e nelle prove necessarie che ci fanno crescere. Questa delicata energia, cerca continuamente un varco per incontrarci, per raggiungerci, perché ci vuole bene e mai penserebbe di abbandonarci. Ciò che serve a noi è ristabilire il contatto e l'allineamento con questa centralina, che non aspetta altro che alimentarci e aiutarci nella realizzazione dei nostri propositi, perché è da questo luogo misterioso che proviene la vita e la vitalità, non solo nostra, ma di tutto l'universo. Questo centro neutro ci parla anche attraverso il sogno e quando ne siamo coscienti, può portarci oltre il tempo. È lui che ci permette di viaggiare e muoverci pur rimanendo fermi. È un viaggio ecologico, è il viaggio del futuro.

Molto probabilmente Fury stava iniziando ad avere un contatto con quella memoria iscritta dentro di lui e che misteriosamente segna il destino e la sorte di ognuno di noi. Lui capì anche questo, ma finalmente lo intuì dal cuore, anzi lo sentì.

4

Gli schemi di pensiero, andare oltre

Puoi possedere le cose ma non permettere che loro possiedano te

L'uomo finalmente iniziava ad andare oltre i suoi pensieri. Li aveva visti; aveva visto non solo i pensieri ma anche i suoi schemi di pensiero. Con la nuova tecnica, poteva ora vedere con maggiore chiarezza le proprie credenze, le convinzioni più radicate e capire dove lo stavano portando e la direzione che davano alla sua vita. Il fatto stesso di potersi osservare, lo convinceva che siamo più di quei contenuti e al di là di ciò che crediamo. Per lui era una nuova scoperta sapere che l'essere umano costruisce il proprio destino, basandosi su questi schemi inconsapevoli che non sono suoi e addirittura nemmeno lui riesce a vedere, sebbene siano dentro ognuno di noi. Adesso non era più la mente, che come una lente tra noi e la realtà, ci faceva vedere il mondo dalla sua rigida angolazione, creando l'illusione, ma eravamo noi, che ad un certo punto, con un cambio di prospettiva, andavamo ad osservare lei. Tutto questo avveniva in un dialogo interno personale, che oramai, a questo punto, non poteva più essere trascurato. Fury aveva anche capito e sentito che per arrivare al centro, il suo centro, doveva attraversare necessariamente questo territorio ombroso; ma era andato oltre quando, in un momento di fiducia e abbandono totali, aveva trovato il coraggio di non condannare questi pensieri condizionati, che per tanto tempo erano stati la sua stessa essenza. Li aveva visti e sentiti e senza giudicarli, aveva provato ad integrarli, poiché erano oramai qualcosa di lui, anche se non erano lui. Ma ciò che ora si faceva più chiaro e delineato era la netta sensazione di avere nelle proprie mani il potere e la possibilità effettiva di realizzare il suo destino. Questa nuova e inaspettata scoperta lo poneva davanti ad un'altra e più grande responsabilità nei confronti della vita. Quella che noi siamo creati liberi e responsabili di decidere la nostra sorte e la realizzazione dei nostri sogni. La sua ricerca, iniziata casualmente, lo avrebbe portato a scoprire un mondo che per ora lui non poteva assolutamente immaginare. Gli incontri che il futuro gli stava per riservare, gli avrebbero permesso di osservare la realtà da punti di vista differenti.

A questo punto gli obiettivi potevano fare un passo avanti e amplificare la loro frequenza.

5

Linee della mente vortici del cuore

Oltre agli esercizi che oramai erano diventati pratica quotidiana, ogni tanto Fury trascorreva alcune notti in montagna. Il buio con le sue profondità e il cielo stellato lo avevano sempre affascinato. La pratica di visualizzazione nella natura e all'interno dei boschi, stava diventando per lui, sempre più importante. In particolare, durante una notte, mentre dormiva su una grande roccia ebbe l'impressione di vedere, o forse semplicemente immaginò un grosso masso che si inarcava sopra di lui, quasi a formare un riparo. Dato che ciò avveniva nel sonno, l'esperienza rimase confinata nella memoria in maniera molto vaga e indefinita. Solo più tardi, con la lucidità che nel frattempo accompagnava il risveglio, l'evento onirico si chiariva e acquistava nuovi significati. Durante quella particolare notte, Fury ebbe, tra le altre cose, anche la strana sensazione mentre era sdraiato, di sentire il suo corpo come leggero, molto leggero e nello stesso tempo pesante nei confronti della terra che lo sosteneva. Quella sfumata e indistinta percezione, sembrava considerare in maniera del tutto nuova, sia la terra sotto, che ci accudisce, sia il cielo sopra di noi che ci protegge. L'impressione di trovarsi tra due realtà, non esclusivamente terrene ed essere contemporaneamente parte di ognuna, pur restando nell'effettiva presenza della propria fisicità, gli procurava quel senso di appartenenza sempre presente, ma sentito solo in certe particolari esperienze come quelle che avvengono in una notte trascorsa all'aperto.

Nel frattempo, superato il buio della notte, l'alba si preparava a compiere l'ennesimo miracolo della luce. Qualcosa in quel momento, svegliò Fury, forse un animale o chissà cosa, e lo incoraggiò ad attendere l'arrivo dell'astro nascente in una posizione più adatta che s'addice ad un evento cosmico così importante. Stando seduto, immobile e calmo come sempre, allineato ad oriente, Fury vide la luce nel suo lento crescere vincere sulle tenebre passeggere, illuminare il mondo e l'umanità e creare la vita. In quel preciso istante, senza esitare, provò a lasciare la presa della mente e si inoltrò un tantino nell'ignoto della sua presunta interiorità, che nel frattempo gli regalava la sensazione, come lei solo sa fare, di contenere misteriosamente dentro di sé, quel colossale movimento degli astri, che con perfetta e assoluta sincronia, portavano al prodigio di un nuovo giorno. Eppure, a pensarci bene, l'alba a cui stava assistendo Fury quella mattina, era qualcosa che lui aveva già visto migliaia di altre volte. Allora cos'era avvenuto ora, perché trasformasse un semplice movimento degli astri in un evento a dir poco straordinario.

La realtà che osserviamo e sperimentiamo è sempre la stessa. Ciò che cambia è l'interno di chi osserva; siamo noi ad un certo punto della nostra necessaria evoluzione che cambiamo la percezione della realtà. È come se improvvisamente si aprissero gli occhi a quello che è sempre stato di fronte a noi. In verità noi non scopriamo nulla; semplicemente spostandoci, ci accorgiamo di qualcosa. Dopo questa scoperta è possibile rendersi conto che ciò che solo ora vediamo, in verità, è stato sempre di fronte ai nostri occhi e corrisponde al livello di sensibilità acquisito.

L'alba è l'emergere della luce e l'emergere della luce è il ritmico messaggio di chi ci ha creato. Noi spesso ci chiediamo se esistono i miracoli. Se siamo ciechi i miracoli non si vedono. I miracoli esistono per chi è capace di vedere e soprattutto per chi è capace di sentire. Quando si aprono gli occhi, si vede di più, poiché si osserva dal cuore, a cui gli occhi sono collegati e per effetto di questo collegamento, diveniamo capaci di emozioni. La capacità di emozionarci dona la nuova comprensione che a questo punto non sarà più esclusivo dominio della ragione. Questa calda facoltà dilatante che informa e riempie l'universo, viene purtroppo poco considerata dai freddi moderni ricercatori, per questo motivo resta particolarmente difficile capire il senso di molte verità che al contrario, anticamente, erano di dominio pubblico.

L'alba è simbolo di rinascita. La luce non è semplicemente un flusso di fotoni ma è soprattutto informazione. Per capire la luce è necessario allinearsi alla frequenza che lei trasmette verso di noi. Il sole è il padre di questo immenso meccanismo vivente e l'alba è figlia di questi movimenti stellari che muovono l'universo e contemporaneamente commuovono misteriosamente i cuori che sanno ascoltare.

Quella notte e l'alba che seguì, rivelò inaspettatamente a Fury la possibilità di una nuova prospettiva sull'essere umano, quale punto cosciente di connessione tra sistemi celesti più vasti e il pianeta terra.

La sensazione di non essere semplicemente ed esclusivamente terreni, dava maggiori speranze ed apriva nuovi scenari impensabili qualche tempo prima, quando la sua aspirazione era praticamente rivolta esclusivamente alla ricerca della ricchezza delle cose.

6

Fury e il manager ricco

La luce del sole cade sul muro
il muro riceve uno splendore preso a prestito
perché leghi il tuo cuore ad un pezzo di terra
cerca la fonte che brilla per sempre.

Rûmî

MANAGER - Allora, ragazzo, hai fatto del tutto per incontrarmi, cosa vuoi sapere?
FURY - Lei è una persona ricca ed io sono affascinato dalla ricchezza; le volevo chiedere come ha fatto a realizzarla.

MAN – Ho trovato la ricchezza delle cose perché non mi sono mai preoccupato di raggiungerla. Ero certo di possederla ancor prima di averla.

FURY- Ho sentito dire che esprimendo alcune formule particolari è possibile ottenere ciò che desideriamo.

MAN – Tutto è possibile, basta volerlo. Tuttavia molto di quello che senti dire sono mode o favole per bambini. Non ci siamo ragazzo; ascolti troppo quello che ti dicono gli altri, ma non senti cosa ti mormora la tua essenza. Manchi di equilibrio; ti muovi come un'onda in un mare tempestoso e rischi di essere risucchiato. L'essenziale è essere e non fare.

FURY – Cosa?

MAN – Essere l'obiettivo. Essere ciò che vuoi raggiungere. Devi tornare alla tua essenza dove nasce la tua richiesta. L'universo non risponde a ciò che vuoi ma a ciò che sei.

FURY – Cosa bisogna fare allora?

MAN – Lavorare.

FURY – Ma io già lavoro.

MAN – Allora aggiungere al lavoro determinazione, perseveranza, ottimismo, tenacia, fede e un'incrollabile fiducia in se stessi. Non ci sono altre strade. Qualcuno crede nei colpi di fortuna, altri sperano nei miracoli; tuttavia sarebbe molto più reale dedicarsi seriamente a qualcosa di concreto per realizzare i nostri sogni. Purtroppo la gente non ha abbastanza carattere, si scoraggia facilmente e finisce per mancare lo scopo della vita.

FURY – Secondo lei è necessario fissare l'obiettivo?

MAN – Non è necessario è decisivo. Ma c'è una cosa ragazzo che volevo dirti prima di continuare la nostra conversazione. Fai ora, un gesto molto semplice: centrati e senti la felicità in questo preciso istante. Fallo adesso ne hai il diritto. Ti dice questo un uomo esperto con molti anni più di te. Se sei felice subito, permetti ad altri tipi di ricchezza di raggiungerti. La felicità può essere creata all'istante se lo vuoi; non è un miracolo è la forza di volontà. Lanci la felicità di fronte a te e poi inizi a camminare su quella linea invisibile. Questa flessibile predisposizione favorisce e crea l'obiettivo evitando delusioni qualora non raggiungessi la meta.

FURY – Nella sua vita ha avuto momenti difficili?

MAN – Si.

FURY – Cosa faceva in quelle circostanze?

MAN - Davo poca importanza a ciò che accadeva; tuttavia consideravo con attenzione gli stati d'animo presenti in me.

 Ho iniziato a lavorare a sei anni. A quei tempi era così. I miei genitori erano venditori di stoffe e si spostavano continuamente per raggiungere anche paesi lontani. Mio nonno fu uno dei primi; loro usavano carretti trainati da cavalli. Sopra caricavano grossi rotoli di stoffa e la proponevano a tagli, oppure, cosa sperata, a pezza intera. Attraverso l'abilità che le era propria e che non poteva assolutamente mancare al venditore, specie a quei tempi in cui i soldi da poco avevano sostituito il baratto, chi proponeva quelle preziose tele sapeva che doveva fare il possibile e a volte l'impossibile per venderle. A quei tempi non si lavorava per diventare ricchi, ma per mangiare. Inoltre, le famiglie erano quasi sempre numerose e chi lavorava doveva necessariamente pensare anche ai parenti. In quelle squadre, così mi raccontava mio padre, chi riusciva a vendere di più era considerato con sincero rispetto e rappresentava un esempio da seguire per gli altri. Oggi, posso dirlo con tutta sincerità, ero uno dei più bravi. Mi ricordo sempre, quando iniziavo una trattativa, non pensavo mai a vendere ciò che proponevo; la mia prima preoccupazione era quella di stabilire un contatto invisibile, un'empatia, con chi avevo davanti a me. Ho sempre amato il mio lavoro e ti posso dire che questo è il vero segreto nella vita, qualsiasi sia la cosa che tu faccia. Quando ami ciò che fai, diventi potente e realizzi di sicuro i tuoi propositi. Non dimenticherò mai quei tempi, belli, sani e sinceri quando bastava poco, molto poco per essere felici. Erano i tempi in cui non c'era la televisione e non esisteva sera in cui non si cantava per finire poi a letto felici, soddisfatti e spesso sbronzi.

FURY - Ma ora lei è ricco.

MAN - È vero, sono molto ricco, ma non sono felice come si potrebbe pensare. Ad essere sincero, quando ripenso al passato, mi viene un senso di nostalgia e un'emozione che non riesco a controllare. A differenza di oggi, allora eravamo veramente affiatati. Forse erano proprio le difficoltà che ci tenevano uniti e creavano in noi la forza per andare avanti. Oggi purtroppo, malgrado il benessere raggiunto, si sono persi i valori di appartenenza che prima ci accomunavano e superavano le singole aspirazioni personali. Poi un giorno capii che prima o poi avrei dovuto lasciare tutto. Non è stato un pensiero. Fu come ricevere una lettera o un pacco postale; non si conosce il mittente ma solo il destinatario. In quel momento, in un attimo, rividi la mia vita e fissai nuovi obiettivi.

FURY - Quando abbiamo iniziato il colloquio, mi ha parlato di sacrificio e perseveranza, caratteristiche necessarie, secondo lei, per raggiungere i nostri obiettivi. Su questi punti sono d'accordo ma non capisco come mai, da parte mia, malgrado lo zelo, non sia riuscito nel proposito che mi ero prefissato: raggiungere la ricchezza.

MAN - È possibile che tu non sia veramente convinto, oppure non creda abbastanza in quello che fai. Nella vita si avverano le nostre convinzioni più forti, quelle cioè a cui crediamo di più e che hanno maggiore intensità emotiva.

Io non ho mai detto in vita mia: diventerò ricco.

FURY - E cosa ha detto?

MAN - Nulla; ero convinto di esserlo già. Dicevo, anzi, ero certo di essere già ricco.

FURY - Ma questo non era vero.

MAN - È proprio questa la magia. Ero talmente sicuro, che tutto ciò che non era coerente con la mia idea, non poteva entrare lungo la strada che, nel frattempo, con il pensiero proiettavo di fronte a me. Essere convinti di un progetto è indispensabile, poiché sarà quella certezza a caricarlo della forza invisibile di cui ha bisogno. Quando decidiamo qualcosa, la nostra mente inizia ad emettere e sceglie cosa creare e dove andare. L' intenzione estende la sua energia invisibile verso ciò che vuole raggiungere. Quella fase è molto importante poiché determinerà le caratteristiche di ciò che realizzeremo nel futuro. La nostra convinzione funzionerà come un limite invalicabile, non permettendo a nulla di esistere che non sia allineato con ciò che vogliamo realizzare.

FURY - Spesso alcune mie iniziative si bloccano dopo aver sentito il parere di qualcuno.

MAN - Dipende da chi senti. Se ad esempio, parli con chi nella vita ha fallito, non solo ti dirà che il progetto andrà a vuoto, ma farà del tutto perché non si realizzi nemmeno il tuo. Se hai dei dubbi, chiedi a degli esperti nel settore e non a degli ignoranti che parlano solo per far sentire il rumore della loro voce.

FURY - Lei si reputa fortunato?

MAN - Forse sì, forse no; chi lo può stabilire? Spesso me lo sento dire.

FURY - E lei come si sente?

MAN - Io sono quello che sono, non posso cambiare in funzione degli altri o dei loro pareri. Chi ti dice una cosa simile, forse ti ammira, oppure è invidioso; il problema, comunque sia è il suo, non di certo il mio. Se mi fossi preoccupato di queste cose adesso molto probabilmente non sarei quello che sono. Devi sapere, tuttavia, che possiamo attirare la fortuna creandogli un varco verso di noi.

FURY - Come si fa?

MAN - Con la fiducia e credendo in noi stessi. La fede non è un sentimento esclusivamente religioso; può essere orientata anche verso l'obiettivo che vuoi raggiungere. Devi amare ciò che fai e sentire quello che desideri. Allineare la mente al cuore per realizzare i tuoi propositi. Ricordati; ciò che tu sei, il tuo talento, la tua essenza, hanno un valore straordinario. Tu sai che la tua impronta digitale è unica. In questo mondo popolato da più di sei miliardi di persone non c'è uno come te e questo non è un caso o semplicemente fortuna. Il segreto è dentro di te e tu devi scoprirlo. Sta a te e a nessun altro farlo. Non c'è chi ti può sostituire. Questa è la bellezza della vita e nello stesso tempo il mistero più grande. Io non ho studiato psicologia o filosofia ma credo, anzi sono sicuro, che manifestare le capacità nascoste e realizzare il nostro destino sia una delle cose più importanti concesse all'uomo in questo mondo. Questo è il primo passo; il secondo potrebbe essere capire come fare.

FURY - Sono d'accordo con lei; però resta un mistero il fatto che, malgrado l'impegno, non abbia raggiunto l'obiettivo della ricchezza.

MAN - Allora ragazzo è dentro di te che devi andare a vedere con maggiore attenzione, nei tuoi pensieri.

Fury- Cosa?

MAN- Si, devi imparare ad osservare il contenuto dei tuoi pensieri perché sono loro a materializzare la tua realtà. I pensieri sono entità reali quanto le azioni. Se ad esempio pensi di non farcela, come puoi pretendere di riuscire a raggiungere i tuoi obiettivi. E' l'interno che va riprogrammato. Quando una macchina è ingolfata non lucidi la carrozzeria, controlli il carburatore e ti assicuri che sia in buone condizioni. Buona salute fisica e mente calma permettono di affrontare le prove nella condizione migliore. Osserva con coraggio e distacco cosa non ti ha fatto ottenere ciò che desideravi. Ne hai il diritto e soprattutto il dovere. Prova a rivedere il tuo passato e pianifica il presente a favore di un nuovo futuro.

È semplice; osserva e vai oltre. Se vuoi creare devi essere pronto a superare i vecchi schemi e le paure inconsce. Il futuro non è mai come il passato benché spesso gli somigli. Le persone di successo imparano dal passato ed evitano l'autocommiserazione. Smettila di sentirti una vittima; diventa protagonista. Non restare nella palude; le paludi sono piene di zanzare. In noi ci sono delle zone buie, inconsce, che se non si allineano alle aspirazioni più intime, rischiano di frenarci nella realizzazione dei nostri sogni. Convincere e persuadere tutte le facoltà presenti in noi, sia consce, sia inconsce, ci predispone a maggiori possibilità di successo nelle iniziative intraprese.

FURY - Con tutta la buona volontà necessaria, non credo di avere problemi di questo genere.

MAN - Devi sapere che per raggiungere un obiettivo non basta solo volerlo. Bisogna desiderarlo con tutto il cuore, amarlo e sentirlo scorrere nelle proprie vene. Ricordati, fratello, puoi realizzare esternamente solo ciò che hai già conquistato internamente. La convinzione esterna è importante, ma quella interna è decisiva, non lo dimenticare.

FURY - Come si fa?

Man - Prima di tutto facendo delle scelte; poi fissando gli obiettivi.

Fury - Io questo l'ho fatto.

Man - Poi si dovrebbe organizzare il lavoro.

Fury - Fatto anche questo.

Man - Desiderare ed essere convinti veramente che raggiungeremo la meta, comunque vada. Sentirla come se fosse già nostra e vivere lo stato d'animo corrispondente. Lungo il percorso non indietreggiare mai, essere tenace, umile e flessibile come i fili d'erba spostati dal vento.

Fury - Su questo le devo essere sincero; qualche volta ho mancato l'obiettivo.

Man - Un punto molto importante.

Fury - Mi dica.

Man - Quando non riusciamo in qualcosa, non dovremmo scoraggiarci e cercare invece di riprenderci il più in fretta possibile. In una guerra, e ti parla uno che ne ha fatte tante, ci sono molte battaglie da combattere. A volte si vince, altre volte si perde. Tuttavia la cosa essenziale è il risultato finale; da lì si vede chi ha lavorato bene.

Fury - Riguardo alla ripresa dopo una delusione, devo riconoscere che impiego molto tempo per riprendermi dalle sconfitte subite.

Man - Ragazzo, adesso devi ascoltarmi; ho notato nei tuoi occhi la sincerità e ciò che emana il tuo cuore non tradisce lo stato d'animo, dunque farò il possibile per consigliarti in maniera saggia e sensata. Non so cosa farai della tua vita, da parte mia ti posso dire che ho dedicato tutta la mia esistenza a raggiungere la ricchezza, ma da un po' di tempo a questa parte, mi chiedo se tutto questo sia servito veramente a qualcosa. Probabilmente era scritto nel mio destino, o sono state le mie capacità, o forse ambedue le cose insieme. Il fatto che alcune persone evolvono rapidamente rispetto ad altre, per quanto ci sforziamo di comprendere, non ci è concesso di capirlo. A me, ad esempio, a volte è capitato di fare degli affari molto più velocemente del previsto; altre volte ci è voluto del tempo. Non possiamo pretendere che i tempi si adeguino alle nostre particolari esigenze. Non dimentichiamo che stiamo interagendo con altre persone e bisogna considerare anche i loro ritmi e la possibilità di allinearci per realizzare gli obiettivi comuni. Conosco individui che lavorano moltissimo, altri a cui basta molto meno tempo per realizzare lo stesso progetto. C'è chi preferisce lavorare al mattino presto, chi invece si concentra molto di più la notte; ognuno ha le proprie specifiche esigenze che se riesce ad assecondarle, ottiene maggiori risultati. I ritmi di un essere umano corrispondono ai tempi del suo corpo e sono personali. Ciò che tuttavia è importante sapere e che non devi assolutamente dimenticare, è che le tue possibilità sono infinite; puoi cioè, ottenere tutto ciò che decidi di raggiungere se sarai capace di crederci veramente, tutto dipende da te. In questo processo la meta non è l'unica cosa è importante anche il viaggio che ti permette di conquistarla.

FURY - E gli eventi esterni, che ruolo hanno?

MAN - Ora ti dirò qualcosa di molto importante e decisivo, che io ho direttamente sperimentato nei miei anni di lavoro a contatto con tutti i tipi di persone possibili. Anche gli eventi esterni, per certi aspetti, sono attratti da noi. Non so come spiegartelo ma è come se qualcosa in noi si predisponesse ad attirare ciò che desideriamo.

FURY - Ma è un processo consapevole? Volevo dire, ne siamo coscienti?

MAN - Questo è il bello; a volte sì, può succedere, a volte no. Così, ad esempio, può accadere che tu faccia un programma e lo studi per giorni, o addirittura per mesi, ma poi questo progetto non si sa perché, non si realizza, malgrado abbia avuto tutte le tue attenzioni.

FURY - Come se lo spiega?

MAN - Io credo ci siano delle leggi al di sopra di noi, che se si trovano alle giuste angolazioni, determinano la riuscita o meno di un progetto.

FURY - Dunque non dipende tutto da noi.

MAN - Sì e no. Può succedere anche il contrario, ossia che, qualcosa di non programmato, non progettato, si realizzi automaticamente e spontaneamente. Di certo c'è solo una cosa, indispensabile e necessaria che non possiamo assolutamente trascurare: la volontà. È determinante in qualunque caso, all'inizio, un atto di volontà. Ad esempio, se tu al mattino ti alzi alle undici, è impossibile che riesca a prendere il treno delle dieci. Se invece ti alzi alle sette, è certo che non perderai quel treno, anzi prenderai addirittura quello prima e arriverai a destinazione con alcune ore di anticipo, che potrebbero darti qualche possibilità in più rispetto a chi è rimasto a letto. Come vedi siamo noi a decidere cosa fare.

FURY - Immagini ora una persona che abbia volontà, sia convinto, creda nelle sue aspirazioni, ma non riesca ugualmente a realizzare i suoi desideri.

MAN - Con questa domanda entriamo necessariamente in una dimensione più profonda. Tu conoscerai sicuramente molte storie riguardo uomini e donne che cercano l'anima gemella ma non la trovano. Come mai?

FURY - L'ha chiesto lei, me lo dica.

MAN - La cercano ma non la trovano, perché nella realtà non la vogliono.

FURY - Non è possibile, non ci posso credere.

MAN - Il loro inconscio non vuole ciò che invece la loro coscienza chiede a gran voce.

FURY - Cosa significa? Si spieghi meglio.

MAN - Quello che ho detto.

FURY - Cosa?

MAN - Se tu vuoi la ricchezza veramente, la troverai, ma devi prima fare i conti con te stesso. Devi essere onesto. Con queste cose non si scherza, ne vale del tuo futuro. Come ti dicevo prima, molti di quelli che cercano la donna del cuore, in realtà sperano di non trovarla; per queste persone, restare singoli, significa comunque essere liberi e potersi divertire senza avere legami. Il bello è che loro non te lo diranno mai poiché, in verità, non riescono a dirlo neanche a se stessi. Ciò che accade all'interno, non si vede, perché è talmente nascosto che non riesce a vederlo nemmeno l'interessato.

FURY - Io non ci credo. Conosco persone che soffrono per il fatto di non avere una persona accanto da poter amare e con cui condividere le emozioni.

MAN - Però nel frattempo non fanno nulla per trovarla veramente. Non è giusto pretendere che qualcuno ci dia l'impossibile senza prima averlo trovato dentro di noi. Questo è il segreto. Per trovarsi c'è bisogno di risonanza, e tu sai cosa voglio dire. Molto di quello che ci accade è deciso nella nostra zona buia. Hai mai visto un iceberg?

FURY - No, non dal vivo, ma comunque so di cosa si tratta.

MAN - Va bene. Cosa è secondo te che decide la direzione e lo spostamento di quella grande massa di ghiaccio?

FURY - Non so. Forse la corrente.

MAN - Sì va bene; ma c'è qualcos'altro.

FURY - Cosa?

MAN - E' la parte sommersa, quella sotto l'acqua a dargli la direzione, poiché è la più grande e quella che pesa di più che determina l'andatura e dove andrà l'intero blocco. Capisci cosa voglio dire? La stessa cosa accade in noi. Ora, osserva ancora. Cosa vedi?

FURY - Vedo lei.

MAN - Si lo so che vedi me; volevo dire cosa vedi ancora dell'iceberg.

FURY - Non so; vediamo.

MAN - Prova a visualizzarlo nella tua mente. Osservane i particolari e le caratteristiche.

FURY - Ecco, ora lo vedo.

MAN - Bene. Cosa vedi?

FURY - La sua grandezza.

MAN - Ora chiediti perché galleggia.

FURY - Perché è sostenuto dall'acqua.

MAN - Si ma c'è ancora qualcosa di importante.

FURY - Cosa?

MAN - L'equilibrio, che gli permette di muoversi ed esistere. Se fosse più denso, per effetto della temperatura più fredda, molto probabilmente si fermerebbe. Se fosse più caldo, si scioglierebbe nel mare che lo ha generato. L'iceberg è formato prevalentemente di acqua ma contiene anche alcune parti di aria e fuoco che misteriosamente lo equilibrano.

FURY - Come può del fuoco essere nel ghiaccio?

Man - Prova a sentire e fidati del tuo intuito. Devi avere coraggio di credere in ciò che senti perché questi elementi, in proporzioni diverse, sono anche dentro di te. Impara ad avere fiducia delle tue sensazioni. Se l'iceberg si muove, significa che sta andando da qualche parte.
Fury - Dove?
Man - Non lo so. Potrebbe essere questo il segreto.
Fury - Il suo racconto mi sembra una favola.
Man - Questo è il tuo problema, amico mio. Tu non credi.
Fury - In che cosa non credo?
Man - In te stesso. La natura è un mistero che non si può spiegare o scoprire semplicemente con la mente razionale, o con qualche sofisticato strumento creato dall'uomo. Io credo in quello che ti ho detto perché l'ho sentito. Impara a fidarti delle tue sensazioni. Non cercare di spiegare, non siamo a scuola; osserva e basta e nota ciò che avviene dentro di te. Tu hai un destino da realizzare e forse anche l'iceberg ha il diritto di averlo. Il problema non sei tu e nemmeno un blocco di ghiaccio che galleggia nel mare aperto; il problema è che ti hanno insegnato a ragionare per schemi, poiché chi l'ha fatto conosceva, purtroppo, solo quel metodo

freddo e privo di creatività. Se non sei capace di sentirti, non avrai fiducia nelle sensazioni che l'universo amorevolmente ti invia; così facendo resti scollegato dalla realtà e pieno di problemi creati dalla tua mente sbilanciata. In realtà nessuno può essere un problema all'infuori di te. Cerchi disperatamente di realizzare il sogno della tua vita, come puoi pretendere di raggiungerlo, quando tu stesso non ne sei convinto. È come se stessi lavorando contro di te e la tua convinzione. In questo modo, il pensiero creerà una energia che lavorerà a tuo sfavore. Se io mi sono realizzato è perché ero certo che ciò a cui credevo si sarebbe avverato; dentro di me non ho mai dubitato, nemmeno per un istante. Con questa convinzione interna, qualunque cosa diventa possibile nella vita di un uomo. È su di te che devi lavorare, ragazzo, sulla determinazione e sulle intenzioni; il successo dipende dall'atteggiamento e da una decisiva predisposizione d'animo. Tu stai cercando la ricchezza, pensi di meritarla veramente? Ti sei mai chiesto perché tutti vogliono la ricchezza come te ma pochi raggiungono la felicità?

FURY – No, mi dica.

MAN – Perché non sanno vivere. Saper vivere è un'arte capace di equilibrare tutti gli aspetti della vita. Dimmi, a cosa serve la ricchezza se dopo averla raggiunta non sei più in buone condizioni fisiche? Non ci sono solo i soldi. Oltre il lavoro esistono anche gli affetti, la salute, lo svago. La vita è un ritmo di attività e riposo, impegno e divertimento. Lavorare venti ore al giorno non significa avere successo se poi con i ricavi dovrai curare l'esaurimento. Osserva quanta gente corre dietro i soldi al punto da non avere più nemmeno il tempo per spenderli. Sacrificano tutto al loro obiettivo ma perdono l'essenziale: la vita. Il bello è che non se ne rendono conto nemmeno loro talmente sono presi dagli impegni. Sappi tuttavia, che le esagerazioni non sono mai state vincenti neppure nel nostro mondo dove spesso sono richiesti ritmi elevati. Gli eccessi di qualunque tipo e specie tolgono energia al corpo.

FURY - Mi diceva della parte inconscia.

MAN - Certo; la nostra parte sommersa che non riconosciamo e non vediamo è la più grande e quella che determina e programma la nostra vita.

Fury - Allora non si può fare nulla; siamo in balia e alla mercé dell'inconsapevolezza, senza nemmeno rendercene conto.

Man - Lo dici tu. Si può fare molto invece, anzi ti dirò di più, si può fare tutto.

Fury - Come?

Man - Andando a vedere quella zona sommersa e riconsiderandola.

Fury - Come si fa?

Man - Con le bombole e l'ossigeno. Naturalmente sto scherzando, era una battuta simbolica. In realtà c'è bisogno di coraggio, e molto. Vedere quella zona significa finalmente vedere la totalità della scena.

Fury - Mi perdoni, ma non credo che tutte le persone come lei, che hanno raggiunto la ricchezza, hanno fatto questo tipo di esperienze.

Man - Non tutti; anzi pochissimi. Per alcuni è stato necessario, per altri no. In queste cose non si decide. Non c'è una regola prestabilita; se ti senti di fare qualcosa la fai, altrimenti no, nessuno ti obbliga, siamo liberi. Riesci a capire cosa significa essere liberi?

Fury - Sì. Posso fare e andare dove voglio.

Man - Potresti anche decidere cosa fare della tua vita. Decidere e scegliere il tuo destino; capisci quanto è importante? Sei un generatore di eventi, un creatore. In questo senso sei responsabile di te stesso e per certi versi di chi ti sta accanto. Tutta la vita si regge su una gerarchia di responsabilità. Immagina che responsabilità ha il sole nel sistema solare. Osserva il tuo corpo; sentilo, ascolta il tuo cuore che batte, inviagli un pensiero buono e ringrazialo, ti sta tenendo in vita. Immagina che grande responsabilità ha nei tuoi confronti. Siamo troppo presi dalla vita di tutti i giorni e dimentichiamo addirittura chi ci permette amorevolmente di viverla. Dovremmo fermarci ogni tanto ed osservare cosa stiamo facendo. Hai mai provato a chiedere quello che vuoi?

FURY - Si qualche volta.

MAN - Perdonami, ma da come lo dici non credo che tu l'abbia mai fatto veramente. Sappi che chiedere è un tuo diritto. Devi solo decidere di farlo.

FURY - Che cosa devo chiedere.

MAN - Non lo so.

FURY - Chi me lo può dire?

MAN - Nessuno.

FURY - Mi scusi ma lei mi manda in crisi.

MAN - Non sai nemmeno tu cosa vuoi, come puoi pretendere che lo sappia qualcun altro; e nemmeno puoi sperare di scoprirlo, in quanto non ti conosci. Non sai chi sei, capisci? Per questo ti è difficile capire cosa vuoi raggiungere. Devi diventare capace di osservare la tua componente interiore e le tue aspirazioni più profonde. Dentro di te c'è un abisso, dove solo tu puoi arrivare e dove sono presenti le tue infinite possibilità.

FURY - Come si fa a sapere cosa si deve chiedere?

MAN - Osservando con attenzione. Quel mondo, tuttavia, non è un supermercato pronto ad appagare i tuoi capricci, è il tuo cuore che deve chiedere, lui sa cosa è bene per te. Lui è il tramite tra la tua vera essenza più profonda e l'essenza dell'universo. Quando chiederai sii convinto e il più chiaro possibile.

Lo sai che quando sei allineato vedi di più?

FURY - Che cosa?

MAN - La tua vita e la direzione da prendere. Non è una questione di occhi, è una sensazione, come quella che stai provando adesso; è sentire di più ed essere d'accordo e in armonia con noi stessi e non con qualcuno in particolare. Se la tua azione sarà coerente, si allineerà al flusso universale più vasto e realizzerà spontaneamente il tuo scopo personale e il suo. Quindi non concentrarti troppo su ciò che vuoi; cerca invece, prima di tutto, di essere te stesso, così potrai decidere qualunque cosa essere e raggiungere. È un processo di crescita, che ti fa scoprire il tuo posto nell'universo. È il collegamento ad una realtà superiore, che è al di là del piano fisico e degli inutili piaceri illusori. Molte persone come me, che hanno guadagnato tanto denaro, hanno perso tuttavia, il senso della vita e sono in uno stato miserabile. Non sempre la ricchezza delle cose rende felici. Con questo non voglio dirti che non è bello essere ricchi. Stai parlando con uno che ha lottato una vita intera per raggiungerla. Ma l'essenziale è qualcos'altro. L'essenziale abita una regione e una frequenza più alta, dove si iscrivono i destini di tutti noi. Se per caso un giorno raggiungerai quei luoghi di pace, non avrai più bisogno delle cose a cui aspiri adesso e che pensi faranno la felicità.

FURY - Se lì sono iscritti i nostri destini, allora significa che tutto è predeterminato.

MAN - No, assolutamente no. Il mio destino poteva essere anche scritto, ma toccava a me comunque realizzarlo. La mia attuale ricchezza non era decisa definitivamente, malgrado avesse avuto quei presupposti. L'eventualità

che fossi diventato povero restava una possibilità aperta. Cos'hai ragazzo?

FURY - Mi perdoni ancora, ma ora sto vedendo
un altro aspetto della sua personalità. In lei si
vede anche una ricchezza di sentimenti.

MAN - Ti ringrazio.

FURY - Mi dica, che cos'è veramente la ricchezza?

MAN - Se sei felice sei ricco. Puoi essere felice
anche con poche cose. La vera ricchezza è
dentro di te, nel tuo cuore. Non esiste un cuore
che non sia ricco. Devi semplicemente vederlo; ti devi vedere ricco e improvvisamente lo
sarai. È un miracolo. Non aspettare di avere
qualcosa per essere felice, siilo subito, poiché
hai già tutto. La tua ricchezza è qui, in ogni attimo in cui sei presente ad essa; sono i fiori, gli
alberi, le montagne, il mare. Tu sei ricco e nessuno può toglierti questa ricchezza, perché non
è una cosa, ma uno stato dell'essere. Quando
torni a casa scrivi su un grande foglio, io sono
ricco e senti cosa ti succede dentro. Mentre
scriverai, sii convinto; questo è il segreto. Chi
ti ha creato, desidera la tua felicità; non lo dimenticare per il resto della tua vita.

7

Noi non vediamo la realtà vedia-mo la nostra mente

*Tutti hanno gli occhi
ma non tutti li hanno aperti*

Immaginiamo che delle persone osservino un albero e, qualche attimo dopo, si chieda loro di esporre ciò che vedono. Ovviamente tutti diranno la stessa cosa, ma ognuno avrà sicuramente qualcosa di personale riguardo la propria osservazione che sarà diversa dalle altre. Così, se ad esempio fra i presenti vi fosse un falegname, vedrebbe sì un albero, ma anche un

tavolo o delle possibili sedie. Un contadino, al contrario, vedrebbe i frutti e la possibilità di ricavarne denaro vendendoli al mercato; un beduino del deserto, osservando l'albero, molto probabilmente, immaginerebbe l'ombra che lo protegge dai raggi infuocati del sole, poiché quella necessità oramai è inscritta nel suo DNA, se non altro perché il corpo aveva dovuto sopportare le elevate temperature di quei luoghi caldissimi   che lo avevano visto nascere. Da questo semplice esempio si può notare subito che esistono differenze nel modo di osservare degli esseri umani, malgrado, come dicevamo pocanzi, loro stessero comunque guardando la stessa e medesima cosa, cioè un albero.
Proviamo ora a trasferirci nella vita di tutti i giorni. Sulla terra siamo circa sei miliardi ed ognuno è diverso dall'altro; non solo, la questione si fa ancora più complessa se, come nell'esempio iniziale, si considera che di fronte ad uno stesso oggetto vi saranno tante definizioni quanti sono gli esseri che lo osservano. A questo punto, siamo costretti a porci la seguente e ovvia domanda: noi che guardiamo, vediamo veramente ciò che abbiamo davanti, o al contrario, vediamo ciò che l'oggetto procura in noi, nella nostra mente? Volevamo dire, ve-

diamo l'albero o ciò che pensiamo dell'albero? Se noi vediamo ciò che la nostra mente ci suggerisce, allora possiamo dire che, in verità, non stiamo osservando veramente la realtà così com'è. Per di più, se siamo confusi, anche l'oggetto che vediamo sembrerà tale; eppure l'oggetto, a ben vedere, non può essere confuso, né avere quelle caratteristiche personali che noi gli proiettiamo. La realtà non è confusa, né negativa o positiva, come alcuni miopi credono. La realtà è così come è, è la mente ad essere nel caos e noi di conseguenza. Se tentiamo di costruire la nostra vita, partendo da una prospettiva simile, si rischierà di creare disordine e sarà molto difficile, se non addirittura improbabile realizzare i nostri sogni.

Il precedente incontro, aveva evidenziato nuovi e differenti aspetti, trascurati in precedenza quando l'unico obiettivo era raggiungere esclusivamente la ricchezza. Non è facile, al riguardo, convincere le persone che alcuni loro desideri, non procureranno con certezza la felicità sperata. Dal canto suo, Fury iniziava ad avere la netta sensazione di quanto fosse importante conoscersi e capire cosa c'è dentro di noi che ci spinge verso un particolare progetto e a desiderare una certa cosa, anziché un'altra.

Realizzare questo processo di effettiva e preventiva autoconoscenza, per evitare di imboccare sentieri che non corrispondono al nostro carattere e che non sono compatibili con il vero talento creativo dentro di noi. Fermarsi ad osservare, ed acquisire familiarità con la causa che ci fa muovere verso la meta e ci permette di raggiungere, non semplicemente delle cose, ma la nostra vera essenza, l'unica capace di allinearsi veramente alla volontà universale. Imparare a vedere più chiaramente nel momento in cui decidiamo cosa fare. Creare lo spazio neutro in quel momento presente, poiché è lì che possiamo veramente fare la differenza. La realizzazione della felicità è un viaggio verso di noi, verso il centro dell'essere, dove sono impresse le linee del destino che siamo chiamati a riconoscere e percorrere. Per vedere queste linee bisogna abituare la mente a restare neutra, priva cioè di giudizi e commenti.

Avendo capacità di osservazione, i saggi dell'antichità, sapevano tutto questo e conoscevano il motivo degli insuccessi e delle incomprensioni tra gli esseri umani. Per questo consigliarono, prima di tutto, di esercitarsi a calmare la mente, così da poter osservare la vita veramente com'è e non come noi penseremmo o vorremmo che fosse. Un simile presupposto è decisivo, riguardo la creazione della realtà, sia individuale che collettiva. Solo una mente calma e concentrata può vedere chiaramente ed essere creatrice al punto da fare destino. Nel caso contrario, saremmo confusi e nella meccanicità sarebbe molto più difficile realizzare i nostri propositi. Quando la mente non è centrata, vediamo di meno e nessun occhiale può aiutarci. Nella realtà c'è vero vedere solo quando il pensiero scompare o per così dire, si acquieta. Il pensiero osserva la realtà dal proprio personale punto di vista per proiettarsi successivamente su di essa. Al contrario, la vera osservazione è verticale e diretta, poiché non considera nessun processo pensante. La visione del pensiero è sempre condizionata dal tempo poiché compressa tra passato e futuro e quindi lontana dalla verità oggettiva presente. Per vedere con chiarezza il nostro obiettivo, dovremmo osservare provando a superare l'ombra creata dagli inutili schemi emozionali e di pensiero che ci impongono desideri che non ci appartengono.

Anche nel caso di Fury, come ricorderete, era avvenuto qualcosa di simile. L' iniziale modo di vedere riguardava la possibilità di diventare ricco materialmente. La forza di volontà e la perseveranza a raggiungere l'obiettivo gli avevano inaspettatamente fatto incontrare una nuova dimensione di se stesso: quella interiore. La sensazione di gioia da lui sperimentata attraverso gli esercizi e l'incontro avuto con il manager, lo avevano convinto definitivamente dei tesori che l'essere umano si porta dentro se solo è disposto e ha la volontà di conoscersi. Lui aveva scoperto che è possibile guardare con nuovi occhi, quelli del cuore. Evitando gli inutili giudizi, che tanti sensi di colpa avevano prodotto, era riuscito a superare quello spazio che c'era tra lui, quale credeva di essere e lui quale veramente era. A quel punto, al piacere tanto agognato, faceva seguito un senso di pienezza e felicità gratuita, che una volta provata, non si poteva più dimenticare, poiché memorizzata nelle cellule di chi la sperimentava.

8

Fury incontra il contadino povero e illetterato

*Una casa povera è ricca se c'è felicità
una camera vuota è piena se sei felice*

L'uomo era seduto sulla veranda della vecchia casa e sembrava stesse aspettando qualcuno. La vasta pianura del Tavoliere, tutt'intorno priva di alberi e vegetazione, faceva pensare ad una terra con caratteristiche lunari. Malgrado fosse mattina e il sole non era ancora alto, il caldo già si faceva sentire. Fury, in cuor suo, sapeva che avrebbe dovuto incontrare quell'uomo, per condividere alcuni interrogativi, che in quel momento gli occupavano la mente e non trovavano risoluzione. Lui non aveva bisogno, nella situazione in cui si trovava adesso, di discorsi astratti ma di testimonianze di vita vera, che raccontassero il più fedelmente possibile, dell'esistenza e della vita quotidiana. I libri, che lo avevano interessato fino a quel momento, non gli bastavano più e non avrebbero mai potuto competere con la testimonianza vivente di alcuni esseri eccezionali, che il futuro da lì a poco gli avrebbe fatto inaspettatamente incontrare.

Ancora una volta stava avvenendo ciò che l'uomo può solo sperimentare e subire, senza comunque spiegare. Il precedente incontro con il manager e quello che stava per avvenire ora con il contadino, sembravano essere predestinati, come se fossero stati preparati da qualcosa che sfugge alla logica e alle leggi, così come l'uomo le conosce e le concepisce. È vero, quando siamo pronti per ricevere, quella cosa arriva e ci permette di sperimentare ciò che corrisponde al nostro livello di coscienza specifico di quel momento. È come se l'esistenza ci seguisse e leggesse i propositi nascosti dentro di noi e ci aiutasse a realizzarli, dimostrando così la sua amorevole presenza. Succede in alcuni momenti della nostra vita in cui cerchiamo qualcosa o qualcuno, e come in una favola magica costui o quella cosa appare. L'incontro con il contadino, che stava per avvenire adesso, sembrava avere queste caratteristiche e per tal motivo si faceva ancora più interessante. Spesso nella lotta della vita, non ci rendiamo conto di simili e importanti coincidenze.

I mistici, meno distratti di noi, spiegano il fenomeno nei termini che seguono. L'anima umana emette una vibrazione particolare, corrispondente al suo livello e alla specifica situazione e da qualche parte, un'altra anima, che vive in un altro corpo ma con una vibrazione simile, sente e risuona a quel tipo di frequenza che gli corrisponde. L'incontro tra due persone è spesso, e prima di tutto, invisibile, cioè è l'incontro tra due anime che si attraggono secondo le suddette leggi. È una di quelle norme assolute e universali con caratteristiche magnetiche, che unisce gli aspetti delle cose che si corrispondono e riverberano con un ritmo omologo. È un po' come quel fenomeno dei diapason allorché, intonandone uno, in mezzo a tanti risuonerà quello specifico corrisponden-

te alla sua frequenza. Queste misteriose emissioni di onde vibratorie, a volte, avvengono senza la benché minima volontà da parte dell'individuo, che si trova in uno stato di parziale incoscienza, ed è per tal motivo che in certe circostanze ci troviamo a vivere esperienze particolari, che non ci aspettavamo potessero accaderci. La legge d'attrazione, come quella delle corrispondenze è antica quanto il mondo e l'universo e determina spesso a nostra insaputa, il destino dell'essere umano.
Per questo è importante emettere e vibrare a frequenze giuste, cioè il più possibile in armonia con l'esistenza e con i flussi propositivi dell'universo.

CONTADINO - Ti puoi sedere, se vuoi ti preparo un caffè. Sapevo che saresti venuto. Cosa vuoi sapere?
FURY - Mi trovo per caso nella sua zona e ho sentito parlare di lei. Sto attraversando un periodo molto difficile e brutto; non mi riesce di superare da solo un momento del genere, per questo sono qui a chiederle un consiglio ed eventualmente un aiuto a superare il problema.
CONT - Ciò che tu consideri un momento difficile è nella realtà un momento di crescita.

L'esistenza è ciclica ed ha alti e bassi; non puoi pretendere di stare sempre in alto, sarebbe pericoloso, in quanto si può cadere, e inutile perché, a lungo andare, si rivelerebbe noioso. Noi vediamo solo una parte di questa pulsazione ritmica e solo quella accettiamo, per questo soffriamo. Scendere è necessario e importante quanto salire, se non altro, per conservare l'equilibrio necessario. Non sempre l'uomo capisce ciò che è utile per lui e allora solo con l'esperienza del fuoco è possibile riportarlo sull'asse che lo riallineerà di nuovo con il tutto.

FURY - Mi dica, è possibile secondo lei realizzare la felicità su questa terra?

CONT - Lascia stare.

Fury - Cosa?

CONT - Volevo dire, puoi darmi del tu, non ci sono problemi. Mi chiedevi della felicità. Non è possibile realizzarla finché si cerca il piacere delle cose materiali e si dimenticano le reali aspirazioni dell'anima. Noi siamo creati per essere felici, ma nella realtà non ricerchiamo veramente la felicità; però sappi, che se vuoi qualcosa con tutto te stesso, prima o poi la troverai.

FURY - Ma le cose materiali sono comunque importanti, perché ci permettono di vivere.

CONT - Sì, è vero, bisogna mangiare per tenere in vita il corpo. Ma anche l'anima e lo spirito vanno sfamati. In questi giorni, per esempio, abbiamo fatto un buon raccolto di carciofi e siamo felici. Dovremmo imparare a ringraziare per tutto quello che riceviamo dalla madre-terra. L'esistenza ci dà continuamente e non chiede nulla in cambio. Quando noi ringraziamo la terra per i frutti che riceviamo, lo facciamo dal cuore ed anche in quel caso riceviamo qualcosa, poiché in questo modo è concessa anche a noi la possibilità di dare.

FURY - Scusami, tu non hai studiato; volevo chiederti dove hai preso la conoscenza che tutti ti riconoscono?

CONT - Io non ho studiato sui libri, come voi, ma ho osservato.

FURY - Che cosa hai osservato?

CONT - Ho osservato la natura e le leggi che la governano.

FURY - Questa tua osservazione è vera per te ma lo è anche per gli altri, poiché tutti vivono nella natura ed esperimentano le sue eterne leggi.

Cont - Sì è vero, ma non tutti ne sono coscienti.

Fury - Tu hai detto che l'esistenza dà continuamente; dimmi ancora qualcosa sul dare.

Cont - Diamo ciò che abbiamo. Non è possibile dare qualcosa che non si ha ed è inutile aspettarsi dagli altri ciò che non possono darci. Le incomprensioni tra gli esseri umani sono spesso create da questi tipi di aspettative. Donare qualcosa va bene, ma il vero dare riguarda l'essere. Chi ha conosciuto se stesso e dialoga con il proprio cuore è nella condizione di donare agli altri e all'esistenza, come fa il sole e la terra, senza condizioni. Quella del dare è forse la più grande possibilità offerta all'uomo per esprimere la sua bontà. Quando noi diamo, quasi sempre ci aspettiamo qualcosa in cambio e allora quel gesto si trasformerà in inutile commercio, poiché sarà inquinato. Donare spontaneamente significa offrire senza secondi fini. Sono cose che riguardano l'essenza del cuore; quei mondi non conoscono la matematica. Ancor prima che l'uomo cominciasse a comunicare e a fare conti, il cuore era già nato. Poiché la vita ci dà continuamente, nel momento in cui noi doniamo iniziamo a fluire in una dimensione più vasta e sperimentiamo l'esistenza in maniera nuova, allargata e totale. È il dare che nella realtà permette all'essere umano di ampliare e amplificare i confini individuali per riconnetterlo al flusso universale più vasto. Ricordati ragazzo, donando andiamo oltre i limitati confini fisici e diveniamo cosmici, poiché tutto l'universo è costruito e viaggia su questa frequenza. Colui che non riesce a dare perde, forse, la più grande occasione che l'esistenza gli ha riservato

Fury - Oggi abbiamo tutto e più del necessario, come mai le persone non sono contente?

Cont - Perché il superfluo, in realtà, può soddisfare solo il corpo. Noi abbiamo anche e soprattutto un'anima, che chiede di essere riconosciuta e compresa. Io, per esempio, che vivo a contatto con la natura, ti posso dire che i bisogni reali non sono molti. Chi vive invece nel mondo, aggiunge ai bisogni primari una quantità di desideri artificiali inutili. È un'illusione credere che qualora non ti possa procurare qualcosa creerà malessere.

Fury - Chi ha creato questa situazione?

Cont - Tutti e nessuno. È la mente sbilanciata a creare un simile meccanismo.

Fury - Cosa si può fare in un momento difficile come questo che stiamo vivendo?

Cont - Ritornare alla terra. Oggi ci sono troppi professori. Io non ce l'ho con la cultura, ma qualcuno dovrà pur lavorare; è la terra che potrebbe avvicinarci alla vera essenza che abita dentro di noi e risuona con l'essenza dell'universo. Vedi, amico mio, io ti parlo in maniera molto semplice perché non ho studiato, ma ti dico la verità, la mia verità.

Fury - Che cos'è la verità?

Cont - La verità è ciò che viene dal cuore e non è filtrato. Ciò che è semplice, spontaneo, autentico e diretto è vero, come la terra quando ci dona i suoi frutti.

Fury - È vero che voi, da queste parti, andate a lavorare nei campi a piedi nudi? Perché?

Cont - Per sentire la terra. La terra è nostra madre e stare su di lei a piedi nudi ci fa sentire direttamente il suo ritmo. In realtà, se vai nei campi a piedi nudi, senti il cuore della terra. Sì, come l'essere umano, anche la terra ha un cuore che batte e ciò che noi raccogliamo con il nostro lavoro sono i frutti donati da questo cuore. Comunque, se proprio vuoi saperlo, secondo me, anche le stelle e il sole hanno un cuore. Non sono in grado di spiegarti quello che ti sto dicendo, ma sono certo che l'immenso universo abbia anche lui un cuore che comunica con noi.

FURY - Ma tu come hai fatto a capire simili cose?

CONT - Come ti dicevo prima, non le ho capite, le ho sentite.

FURY - Come hai potuto sentirle?

CONT - Le ho ascoltate dentro di me e le ho amate. Quando ami qualcosa, la conosci veramente; questo è un grande segreto che vive dentro di noi e che merita di essere scoperto.

FURY - Che cosa significa amare qualcosa?

CONT - Significa vibrare alla sua stessa frequenza.

FURY - Amare e conoscere, qual è la differenza?

CONT - Tu vuoi conoscere qualcosa e la studi. In questo caso tra te e la cosa conosciuta c'è una distanza, poiché siete in due. Amare qualcosa è diventare un'unica cosa con ciò che si sta conoscendo. Se vuoi conoscere veramente, devi amare; io stesso ho seguito questo metodo. Quando amerai, il tuo cuore batterà allo stesso ritmo della cosa amata, le distanze scompariranno e diventerete un'unica cosa.

Dopo questa frase l'uomo abbassò leggermente la testa, come se stesse rientrando dentro di lui, nei suoi ricordi. Le sue parole sembravano provenire da un mondo lontano, che solo lui poteva comprendere. Intorno quella povera casa e nei campi circostanti, si aveva la sensazione di vedere e sentire ancora le voci di chi con tanto amore vi si era dedicato per una vita intera. Mentre l'uomo pronunciava quelle semplici sentenze, vedevo le parole sibilare nell'aria e raggiungere in maniera spontanea l'obiettivo. Che fortuna, mi dicevo, averlo incontrato. Qualche attimo ancora e poi riprese a parlare, anzi a ricordare.

CONT - Mi ricordo il mio primo giorno di scuola; l'unico. Che emozione. Non lo dimenticherò per il resto della mia vita. Ho sempre desiderato studiare, ma a quei tempi non era possibile. La mia famiglia era povera; i raccolti non sempre andavano bene. Ero il secondo di dieci figli e la terra aveva bisogno di me. Aiutavo mio padre e sono stato costretto a diventare grande prima del tempo. Mio padre; lui, era infaticabile; non l'ho mai visto lamentarsi, nemmeno nei momenti più difficili. Lui amava il lavoro e la famiglia ed era un maestro di vita. Chi lavorava nei campi, era sostenuto dall'affetto e dalla premura di chi restava in casa. È il mondo di una volta, vero, reale e sincero; in una simile realtà non c'era nemmeno il tempo per avere i problemi che si hanno oggi. Malgrado il livello di progresso raggiunto, resto spesso meravigliato per quante difficoltà ha ancora l'uomo civilizzato. Il suo lavoro è artificiale e scollegato dalla terra. In questi tempi di crisi interiore per essere veri ti fanno credere che si debba usare un particolare profumo, o avere una macchina di lusso. Il mondo è cambiato ragazzo mio. C'è molta cultura, molti dottori, ingegneri e scienziati, ma purtroppo mi sembra che manchino gli uomini.

Fury - Come mai, l'essere umano, pur avendo tutto ciò di cui ha bisogno, ha così tanti problemi?

Cont - L'essere umano ha tanti problemi perché dimentica facilmente.

Fury - Che cosa dimentica?

Cont - Dimentica la sua origine divina e vive nell'illusione di ciò che non è e di ciò che sembra. Quell'origine è un mistero troppo grande per essere semplicemente riempito con delle cose. Tu, ad esempio, stai cercando la ricchezza che forse procurerà la tua felicità; allora rispondi a questa semplice domanda: cosa fa un contadino quando vuole un frutto o un ortaggio?

FURY -- Lavora la terra.

CONT - Va bene; ma cosa fa nello specifico?

FURY – Cosa?

CONT – Pianta un seme nel terreno. E' ciò che devi fare tu. Se vuoi creare, innanzitutto devi piantare il seme.

FURY – Ma dove? Io non ho la terra.

CONT – Lo devi piantare nella terra del tuo cuore; è lì che devi creargli lo spazio ed innaffiarlo con i tuoi pensieri. Questo processo presuppone che tu abbia fede e sia determinato. Ma è dall'interno che bisogna essere convinti. Sai cosa vuol dire essere uno con ciò che vuoi raggiungere, con ciò che ami? Io e la terra siamo una sola cosa; uno capisci? Hai mai provato questa sensazione? Essere con la cosa amata significa essere felice. Sai cos'è la presenza?

FURY – No.

CONT – E' esserci. Dimmi chi stabilisce i parametri della felicità e della ricchezza? Chi può dire quale cosa ti soddisferà. E' dentro di te che devi cercare, non all'esterno. La felicità non può dipendere dalle cose. Io mi sento ricco e felice perché l'ho scelto, sono la causa di un effetto.

Fury - L'era in cui viviamo è molto tecnologica, che cosa ne pensi?

Cont - Non è un male, come spesso sento dire. L'abbiamo creata noi questa tecnologia. Qualsiasi cosa, però, portata all'esasperazione, non va bene.

Fury - Perché?

Cont - Perché in quel caso si perde l'equilibrio.

Fury - Che cosa si può fare secondo te?

Cont - Portare i ragazzi in mezzo alla natura a sentire la vita e i suoi ritmi, perché nessuna macchina creata dall'uomo può competere con ciò che è stato creato dall'intelligenza cosmica.

Fury - Che ne pensi dei tanti problemi che oggi affliggono il mondo, come, ad esempio, l'inquinamento?

Cont - Sono problemi gravi che andrebbero affrontati seriamente, ma, secondo me, non si risolveranno finché non ci sarà un ritorno alla coscienza che vive dentro ognuno di noi. È il modo di vivere che si dovrebbe cercare di correggere a favore di un benessere comune. Sento spesso parlare di questi problemi, ma non vedo la volontà a volerli risolvere. Se ne parla molto, ma nessuno vuole cambiare. Vogliamo tutte le comodità, anche quelle inutili e, nello stesso tempo, pretendiamo che il mondo migliori. Per cambiare il mondo, bisogna cambiare noi stessi, e il mondo migliorerà di conseguenza. Si potrebbe cominciare dalle piccole cose della vita quotidiana. La natura e la terra sono degli insegnanti eccezionali al riguardo, ma bisogna ascoltare ciò che hanno da dirci. Volendo si possono anche fare grandi progetti, ma io credo opportuno cominciare dalle piccole cose; sono loro che fanno la differenza e sono più facili da realizzar.

FURY - Per te, dunque, è essenziale l'evoluzione del singolo individuo?

CONT - Non solo l'individuo, ma soprattutto la sua interiorità, o, se vuoi, la sua essenza spirituale. Migliorando noi stessi, migliorerà la società in cui viviamo, poiché noi non siamo semplicemente dei numeri, ma delle cellule viventi all'interno del sistema che abbiamo creato. Quando l'uomo cambierà veramente, si potrà fare a meno di molte leggi e tribunali, che inutilmente tentano di mantenere un ordine, che si può certamente realizzare solo quando riscopriremo la nostra vera essenza. Noi siamo dei piccoli universi inseriti nel più grande universo, che è il cosmo. Un mio amico, professore di matematica all'università, mi ha detto che le forme dei nostri frutti e degli ortaggi che raccogliamo per sfamarci, hanno le stesse geometrie delle galassie.

FURY - Non riesco a seguirti.

CONT - Nemmeno io sono riuscito a seguire il professore nel suo discorso, ma mi sembra di aver intuito quello che ti ho appena detto, ossia, che una forma terrena è il riflesso di un modello inscritto nel cielo. È come se ci fosse un collegamento invisibile, una connessione tra il cielo e la terra, tra l'alto e il basso, dove siamo noi.

FURY - Come può avvenire una cosa simile?

CONT - Non lo so. Io sono qui sulla terra e per di più, non sono andato a scuola. L'unica cosa di cui posso essere testimone, è la bellezza e la proporzione dei frutti che raccolgo e che mi permettono di vivere e capire tante cose. Tuttavia, ho un'idea su questi fenomeni che non esito a considerare miracolosi. Ho fatto questa scoperta quando ero costretto alle raccolte di notte, poiché di giorno faceva troppo caldo ed era impossibile lavorare. In quelle occasioni l'arrivo dell'alba mi rendeva felice senza apparenti motivi e mi rivelava il segreto della luce. È lei, secondo me, che unisce la terra al cielo e trasmette la vita ad ogni cosa. Come noterai, la mia è una conoscenza di tipo molto pratico e semplice poiché è collegata alla natura e ai suoi ritmi. Anche il prete, in paese, mi ha detto che la luce è la cosa più importante ed è addirittura la prima parola scritta sulla bibbia; e la bibbia, dicono è il libro più importante che esiste. Forse un giorno, quando imparerò a leggere, avrò modo di conoscere gli scritti di questo prezioso testo sacro.

FURY - Adesso capisco perché tu ringrazi la terra.

CONT - Quando io ringrazio la terra sono felice poiché indirettamente ringrazio il cielo, quale riflesso di questa terra. Il cielo ci vuole bene e ce lo dimostra fecondando questo sacro suolo che, a sua volta, genera i frutti che ci faranno vivere. Ringraziare la madre terra è un gesto semplice, che non costa nulla, ma noi, purtroppo lo dimentichiamo continuamente. Forse, ragazzo, venendo qui, avrai notato che non sono ricco, ma volevo comunque dirti che questi semplici gesti mi rendono veramente felice e mi permettono di superare la mia apparente condizione di povertà. Se un raccolto è scarso mi rallegro ugualmente e non penso al molto che avrei potuto ottenere. Il segreto è nella capacità di gioire del poco. Avrai avuto modo di vedere quante persone nel mondo hanno tante cose eppure non si sentono appagate.

FURY- Come mai?

CONT-- Perché in realtà non sei tu a conquistare la felicità è lei che conquista te. Siamo noi a dovergli creare uno spazio.

FURY - Tu hai lavorato la terra per una vita intera, ma parli con disinvoltura dell'essere umano e della sua interiorità. Cosa siamo noi nella realtà?

CONT - L'essere umano è tutto il mondo e oltre. Noi siamo anche le stelle e tutti i pianeti. Siamo una miniatura dell'universo. Le leggi del cosmo vivono dentro di noi e ci informano continuamente con i loro eterni movimenti.

FURY - Allora perché, a volte, siamo così piccoli, indifesi e paurosi?

CONT - Perché dimentichiamo questa nostra vera origine che non è esclusivamente terrena, malgrado dalla terra prenda il necessario nutrimento. Tuttavia, però, una cosa non deve sfuggirci. Nonostante la grandezza degli universi e la bontà della natura, noi umani rispetto alle altre forme di vita, abbiamo maggiori responsabilità, dovute alla posizione d'intermediari e messaggeri tra l'alto e il basso. Ciò che non dobbiamo dimenticare è che tutte le forme viventi sono coinvolte nell'unico processo evolutivo.

FURY - Come fai ad affermarlo? Lo puoi dimostrare?

CONT - C'è chi studia questi argomenti, io invece me ne sono reso conto osservando le piante. Tutto tende verso l'alto. Anche il neonato fa del tutto per alzarsi. Se noi potessimo costruirci le ali per volare in alto, verso il sole, lo faremmo sicuramente. Tutto l'universo segue un'evoluzione verticale.

FURY - E le radici?

CONT - Le radici sono l'essenza di questa verticalizzazione. Bisogna capire questo fenomeno e cercare di vederlo contemporaneamente nelle due direzioni necessarie. Una pianta va verso l'alto nella misura in cui le radici glielo permetteranno. Quanto più una radice sprofonderà, tanto più permetterà alla pianta di elevarsi. Non ho studiato queste cose, ma è come se, in questo momento mentre ti parlo, le vedessi davanti a me.

FURY - Secondo te, così come lo abbiamo costruito e organizzato, può andare avanti questo nostro mondo?

Cont - Certo. Hai detto bene, come lo abbiamo costruito e organizzato; aggiungerei anche come lo abbiamo disorganizzato. Di sicuro, non era nei propositi dell'intelligenza creatrice permettere la costruzione di così tante armi e oggetti di distruzione. Siamo responsabili di quello che abbiamo fatto e di quello che stiamo facendo. Secondo me, il mondo continuerà; siamo noi che al momento attuale non abbiamo ancora deciso cosa fare. Chi ha creato il mondo, lo ha creato perfetto e certamente sarà sua l'ultima parola e non la nostra, poveri disgraziati. Forse non siamo ancora abbastanza maturi per decidere il nostro destino.

Fury- Vorrei ancora farti una domanda sul lavoro. Io mi sacrifico da anni, restando settimane intere lontano da casa e dai miei cari per procurarmi di che vivere. Lei mi sembra che debba sudare per ricavare i frutti dalla terra. Le sembra giusto lottare un'intera vita per sostenersi?

Cont - Sono nei campi da quando ho sei anni. Il lavoro, per me, è una benedizione. Lottare per procurarsi il cibo e di che vivere è veramente qualcosa che può migliorarci. Sudare mentre lavoriamo ci disintossica e ci fa crescere in termini di carattere. Se tutto ci fosse dato senza sforzo, probabilmente saremmo peggiori e più deboli di adesso che siamo costretti a lavorare. Domenica scorsa, il parroco mi ha voluto in chiesa e non ho potuto fare a meno di andarci. Nella predica, tra le tante cose dette che mi è difficile capire, si è anche parlato dell'essere umano, che avrebbe dovuto sudare per procurarsi di che vivere, e tutto faceva pensare a qualcosa simile ad una maledizione. Nei giorni successivi, mentre lavoravo nei campi, ho pensato seriamente a quelle parole pronunciate in chiesa, ma devo dirti con tutta sincerità che, nonostante tanti miei sforzi per cercare di capire, non mi è riuscito di vedere il lavoro come lì veniva spiegato. Quando ami ciò che fai e lavori con il cuore, la fatica scompare e tiri fuori quella parte di te che altrimenti non potrebbe realizzarsi. Nella realtà, è il lavoro che forma il carattere dell'essere umano e gli permette di vedersi per quello che veramente è.

Tu oggi sei qui, perché forse qualcuno ti ha parlato di me, ma devi sapere che anch'io ho sentito qualcosa sul tuo conto. Si dice che sei un buon venditore e che ti sei procurati molti clienti nella nostra zona. Se hai raggiunto questo livello, secondo me, anche tu hai lavorato con il cuore e questo ti ha permesso di andare avanti, malgrado le difficoltà.

FURY - Che cosa significa lavorare con il cuore?

CONT - Significa amare il proprio lavoro. Quando ami ciò che fai, proietti questo tuo atteggiamento sulle persone che sentono, a loro volta, questa tua invisibile energia e si predispongono, di conseguenza, favorevolmente nei tuoi confronti. Il lavoro, qualsiasi esso sia, se fatto così, diventa creativo e si trasforma in arte, poiché è spontaneo e non è preoccupato dei risultati e del guadagno. Forse tu non lo sai, o non ti sei visto, perché preso da ciò che stavi facendo, ma molto probabilmente, il tuo modo di fare, ha seguito questi sentieri invisibili e ha creato i presupposti per realizzare i tuoi propositi.

FURY - A volte mi succede una cosa molto strana. Quando sono lontano da casa e sono costretto ad affrontare i problemi da solo, è come se una forza invisibile venisse in mio aiuto e camminasse al mio fianco per sostenermi. Forse ti sembrerà una stranezza, ma tra le tante cose, mi succede anche questo. Che ne pensi?

CONT - Ho l'impressione che ci sia la forza di qualche tuo antenato dietro le tue parole. Vedi, amico mio, non vorrei sembrarti strano o passare da ingenuo visionario, ma non dimenticare che molto nella nostra vita è determinato dall'invisibile, malgrado noi umani non ne siamo coscienti, perché distratti dalle preoccupazioni del vivere quotidiano. La vera forza dell'uomo viene da dentro, dal suo interno e non ha a che fare con la forza fisica, come molti credono. Se vuoi qualcosa e la vuoi veramente, la otterrai, perché la vita riceve questo tuo forte messaggio e si predispone, di conseguenza, amorevolmente nei tuoi confronti. Quando chiederai non esitare e cerca di essere il più chiaro possibile. Vivi la sensazione e immagina il tuo desiderio già realizzato. Sono leggi che vanno oltre la logica e che forse un giorno si studieranno, ma per ora l'uomo è più interessato all'aspetto materiale dell'esistenza.

FURY - La tua sembra una saggezza di altri tempi.

CONT - La cultura viene dai libri, la saggezza proviene dalla vita, e la forza è una conseguenza delle prove che la vita pone sul nostro cammino.

FURY - Ma perché tante prove?

CONT - Le prove sono necessarie, perché sono l'unico modo per formare il carattere. Dobbiamo capirle e accettarle e vedere in loro una reale possibilità di evoluzione.

FURY - Chi è che decide ciò che dobbiamo subire?

CONT- Il nostro passato. Il presente dipende da come abbiamo vissuto prima. In tutto questo è in azione un tipo di giustizia che non riguarda le leggi così come le intendiamo noi. Anche se non possiamo vedere le linee di questo piano, tutto ciò che avviene nella nostra vita è, in un certo senso, determinato, o meglio, attivato da noi e dal nostro modo di vivere.

FURY - Secondo te, dunque, c'è una sorta di equilibrio giusto in tutto ciò che accade all'uomo e al mondo.

CONT - Sì. Nonostante l'apparente disordine che si può costatare, nella realtà tutta l'esistenza si muove in armonia e procede con giustizia.

FURY - Tu parli con disinvoltura di terra, di piante, di frutti e di giustizia e in tutto questo non si notano apparenti discordanze; come fai?

CONT - Nell'esistenza tutto è collegato. Noi siamo abituati a dividere e sezionare e perdiamo l'essenza che tutto unisce. L'essenza è il centro, per così dire, come il seme lo è per la pianta, o per un arbusto. C'è chi arriva all'essenza con lo studio e la ricerca, io ci sono arrivato osservando la natura e i suoi frutti.

FURY - Perché non provi a spiegare quello che hai capito ad un pubblico più vasto; volevo dire, perché non rendere partecipi anche gli altri delle tue scoperte?

CONT - Non sono un professore, né sono andato a scuola. L'attuale società è molto interessata ai nomi e alle etichette, che io, per mia fortuna, non ho. Se qualcuno viene da me, come hai fatto tu, può prendere dalla mia esperienza ciò di cui ha bisogno. La mia vita è spontanea e semplice, come lo è la terra con noi esseri umani. Tra me e la terra non ci sono distanze e lo stesso avviene con chi conversa con me, perché io gli parlo delle mie esperienze e non di studi accademici che, purtroppo, molto spesso sono lontani dai reali bisogni e dalle necessità del vivere quotidiano.

FURY - È vero; oggi conversando con te ho conosciuto il linguaggio della vita. Da questo nostro incontro ho capito che tu non parli di teorie astratte o di filosofie complicate e pericolose. Tu stesso sei la tua filosofia e il tuo modo di vivere è la tua religione. La lealtà e la spontaneità che ti contraddistinguono ti rendono autentico, come la tua esistenza lo è con la terra, i suoi ritmi e le sue leggi.

Cont - Quello che oggi stai ascoltando non è filtrato, poiché proviene dal mio cuore, ma ha la sua origine nella terra. La terra è nostra madre, ci accudisce e ci dona spontaneamente ciò di cui abbiamo bisogno. A differenza dell'uomo, la sua è una saggezza pratica, diretta e amorevole. Non meravigliarti se ti dico che mi sento della terra e contemporaneamente la sento dentro di me. Quando ti parlo di argomenti così importanti, sono come un canale vuoto che trasporta informazioni. Adesso ragazzo ascoltami bene e, se puoi, non dimenticare ciò che sto per dirti. La terra, su cui noi poggiamo i nostri piedi, non è semplicemente un luogo da sfruttare a nostro piacimento per appagare desideri e capricci. La terra è sacra ed è lei che ci collega al cielo attraverso una rete invisibile che si estende fino ai confini del cosmo, per comprendere anche le galassie più lontane. La bellezza e la perfezione dei frutti, che da essa riceviamo, sono la conseguenza e la risonante cooperazione perfetta e amorosa tra questi mondi, a diversa frequenza.

Fury - Cosa intendi per cooperazione tra mondi?

Cont - È l'armonica perfezione sonora risultante, che predispone le linee di forze, che, raggiungendoci, andranno a dare forma ai frutti per creare la magia della vita.

Fury - Come hai fatto a capire quello che dici?

Cont - Osservando, semplicemente osservando con attenzione durante il mio lavoro. Per me, la nascita di un frutto è un miracolo, così come lo è il camminare sull'acqua per un religioso o per un medico l'imporre le mani su un malato per curarlo.

Fury - Tu, dunque, credi nei miracoli?

Cont - Non bisogna essere religiosi per credere ai miracoli. La natura è un miracolo. L'equilibrio della terra sospesa nel cielo; il sole che illumina con la sua luce e la luna, che alza e abbassa le acque e fa nascere un bambino sono miracoli. Il volo del falco, che cerca il cibo per i suoi piccoli, l'abbraccio di una madre ad un figlio o un'erba che ti curerà, per me sono tutti fenomeni che hanno qualcosa di prodigioso. Tutta l'esistenza è una vibrazione sonora miracolosa continua senza fine. Se solo per un istante riesci ad emozionarti di fronte a questo immenso avvenimento significa che sei vivo, ed anche questo è un miracolo. Il miracolo è di fronte a te e risuona dentro di te, poiché tu provieni da questo fenomeno straordinario che è la vita; ma per essere capace di vederlo e sentirlo ti devi sintonizzare con lui. Se oggi non siamo più capaci di sentire e abbiamo perso quel senso del meraviglioso, che da sempre accomuna l'essere umano all'ambiente in cui vive, significa che qualcosa dentro di noi è scollegato e non funziona più come dovrebbe. Non c'è bisogno di cambiare il mondo e l'ambiente in cui viviamo per raggiungere la felicità, perché loro sono l'espressione fisica di un'armonia invisibile, che invade e riempie l'universo. Il lavoro, il vero lavoro, non è accumulare cose e ricchezze, che un giorno lasceremo, ma armonizzare noi stessi a questo flusso universale, dove abbiamo avuto origine e dove un giorno ritorneremo. Il nostro corpo fisico è costruito con le stesse leggi con cui è costruito l'universo. L'intelligenza universale, invia messaggi e scrive le sue intenzioni sulla terra; così hanno origine le piante, i fiori, gli alberi e tutto ciò che possiamo vedere. Queste forme di vita si armonizzano con noi, esseri umani, poiché noi le conteniamo nel nostro organismo e ne siamo, nello stesso tempo, contenuti. Questa è quella cosa conosciuta con il nome di corrispondenza ed è, secondo me, la legge più importante nella nostra vita. Quando ce ne andremo da questo mondo, partiremo senza tutte quelle cose con cui adesso ci identifichiamo inutilmente e per cui tanto lottiamo e porteremo con noi solo ciò che abbiamo custodito nel nostro cuore. Per questo è inutile essere attaccati e identificati con gli oggetti materiali che ci sono utili solo in questo breve passaggio terreno. Se dovessi morire in questo momento, io sarei a posto perché ho sfamato in maniera equa il mio corpo fisico, la mia anima e il mio spirito, che sono eterni e non possono finire, ma soltanto trasformarsi.

Ciao, ragazzo, adesso devo tornare ai miei campi!

9

Essere allineati. La creatività porta d'accesso alla spiritualità

*La voce ha una propria strada
che noi non possiamo capire.*

Il ragazzo non voleva sentire ragioni. L'unico scopo, in quel momento della sua vita, era caratterizzato dal desiderio incontrollato di volere, ad ogni costo, una macchina sportiva. Da poco aveva raggiunto l'età adulta e la sua richiesta, sebbene fosse superiore alle reali possibilità della famiglia, voleva essere appagata a tutti i costi. Fu così che ad un certo punto i genitori cedettero e comprarono la nuova macchina tanto desiderata dal neo maggiorenne. In quel momento il giovane provò una felicità mai sperimentata prima. Passò un po' di tempo, ma ciò che si era rivelato un sogno, improvvisamente si trasformò in una disavventura. Il ragazzo ebbe un incidente e l'oggetto del desiderio in un attimo svanì. La situazione adesso si era trasformata e lui era triste e depresso. Nel frattempo mentre era in convalescenza scoppiò la guerra e molti suoi amici andarono al fronte. Lui fu escluso perché non era nelle condizioni adatte a partire. Molti giovani come lui che parteciparono al conflitto rimasero feriti e altri, purtroppo, non tornarono più. Questi avvenimenti, dimostravano l'avvicendarsi di una situazione che all'origine sembrava avere gli unici ed esclusivi presupposti della felicità. All'inizio lui era infelice perché voleva una macchina nuova; dopo che l'ebbe avuta fu felice. L'incidente lo rese di nuovo infelice. La convalescenza gli evitò la partenza per la guerra, che forse gli avrebbe cambiato il destino per sempre. Lui non partì e così si salvò.

Questo semplice racconto ci fa capire come sia difficile sapere cosa è bene per noi nella nostra vita. Abbiamo mai provato a fermarci e a guardare ciò che stiamo desiderando? Siamo sicuri che la realizzazione dei nostri propositi sarà in futuro veramente motivo di felicità? Ognuno porta nel cuore la speranza di realizzare i propri sogni. Proviamo adesso a chiederci, con tutta onestà, chi è che dentro di noi sta chiedendo quelle cose che consideriamo tanto importanti. Cerchiamo di vedere, attraverso l'introspezione, quanti sacrifici richiede realizzare desideri che, il più delle volte, sono solo esterni a noi e non hanno nulla a che fare con il nostro vero e autentico nucleo centrale. Fermiamoci e guardiamo se, per caso, non sia ancora l'ego, o qualcuno all'esterno, che ci comandi ingiustamente e faccia addirittura da padrone riguardo alla creazione del nostro destino, che solo noi possiamo scoprire e realizzare. Tutti nella vita vogliamo qualcosa. Si potrebbe addirittura dire, che l'esistenza stessa, tutti i movimenti e le attività che l'essere umano compie, dipendono da ciò che desideriamo e dal traguardo che poniamo sul nostro cammino.

Il ragazzo all'inizio voleva una macchina veloce, forse troppo veloce per la sua età. Anche Fury in principio, come ricorderete, cercava la ricchezza e si era impegnato con tutte le sue forze a realizzarla. Spesso succede così nella vita di molte persone che si pongono un obiettivo da raggiungere e poi, lungo il percorso che le conduce alla meta, scoprono qualcosa di nuovo, d'insospettato che devia il loro cammino per sempre. L'esistenza si prende sempre cura di noi e sa cosa è giusto e bene nella nostra vita.

L'impulso a diventare ricco nel caso di Fury, poteva sembrare poco poetico a prima vista e piuttosto materiale, ma c'era bisogno di qualcosa con quelle caratteristiche per far muovere la volontà dell'uomo verso la realizzazione del suo destino. Mettendo in azione la volontà e cercando dentro di sé le potenzialità necessarie per raggiungere l'obiettivo, Fury si era ritrovato a praticare semplici esercizi, che inaspettatamente lo avevano condotto, verso la meta e nello stesso tempo verso se stesso. Lui voleva diventare ricco esternamente e possedere tante cose e invece, come in un sogno, improvvisamente si era ritrovato ad essere ricco interiormente. Il necessario contatto con se stesso, che conduce alla vera felicità, l'aveva portato a scoprire ciò che dentro di lui e dentro ognuno di noi è eterno e vive oltre le apparenze e le contingenze di tempo e di luogo. Questo tipo di esperienze vissute, gli avevano fatto scoprire il potere che ognuno ha e le possibilità riguardo la realizzazione dei propri sogni.

Cos'era avvenuto in realtà nella vita di Fury e, soprattutto, com'era stato possibile raggiungere ciò che un'intera vita di sforzi di tanti esseri umani non permette di realizzare? È importante capire questo punto e ricordare che il primo tentativo di Fury, ha caratteristiche esclusivamente esteriori, cioè esterne a lui, quale essere umano, che tenta di realizzarsi. Il suo proposito in questo momento è privo di una necessaria valenza interiore, riguarda il fare e non coinvolge l'essere. Quando, in un secondo tempo, si rende conto che non raggiungerà mai l'obiettivo, perché superiore alle reali possibilità, mette in azione la riserva delle forze interiori e il successivo inevitabile allineamento tra esterno e interno lo porta al successo. Successo non significa vincere o avere la meglio su qualcosa o qualcuno; non c'è una battaglia da combattere o un progetto da realizzare a tutti i costi, aggredendo l'esistenza. Si tratta, al contrario, di arrendersi e fluire con la vita. È l'allineamento che permette la realizzazione dei nostri sogni. Allineamento tra l'individuo e l'esistenza amica, che improvvisamente inizia a fluire attraverso di noi e realizza, contemporaneamente, l'eterno proposito universale e nello stesso tempo quello nostro individuale. È come se, ad un certo punto, qualcosa più grande di noi iniziasse ad agire tramite noi. Da questo punto preciso in poi, possono accadere eventi inaspettati e non programmati, poiché i programmi sono della mente e quindi limitati. In un'era progredita e tecnologica come la nostra, in cui si crede esclusivamente alla razionalità, non è facile trasmettere e far sentire simili concetti.

L'esperienza di Fury si era trasformata perché era passata dal fare qualcosa all'essere qualcosa. Per arrivare a questo aveva dovuto decidere di lavorare su se stesso. La vera trasformazione e il successivo cambiamento non era più verso il mondo, ma era avvenuto finalmente dentro di lui e lo aveva portato ad incontrare la sua interiorità. Quando un uomo ascolta la propria interiorità, si allinea al tutto e si ritrova ad essere creativo. L'universo è creativo e per una sua legge interna, che non è possibile spiegare, riconosce e favorisce lo sbocciare della creatività negli esseri umani.

Quando l'artista crea un'opera d'arte sta testimoniando la creatività dell'universo che in quel momento, per effetto dell'empatia con lui, lo sta attraversando. Dato che siamo esseri umani, più tardi si dirà che l'opera così realizzata appartiene a qualcuno. L'opera in realtà non è di nessuno, se non della vita, da dove ha avuto origine, con in più le nuove caratteristiche, proprie del soggetto che le ha realizzate. Quanto più l'artista si lascerà attraversare, tanto più la sua arte sarà in armonia con i flussi propositivi universali. La creatività è sempre vera, poiché non contempla un fine estetico, ma la verità così com'è, che raggiungendoci, ci fa amare il bello e ce lo fa esprimere appunto attraverso l'arte. Come fa l'artista, qualsiasi essere umano nella vita può trasformare l'esclusivo e semplice desiderio personale e portarlo oltre i propri limitati confini, per invadere ed arricchire l'esistenza delle nuove caratteristiche del soggetto realizzato.

La vera realizzazione è interna e solo dopo, come conseguenza, esterna. Si potrebbe dire che l'interiorità raggiunta si proietta all'esterno ed esprime se stessa con le caratteristiche proprie del successo. Nella realtà si può raggiungere qualcosa esternamente solo quando lo si è già realizzato internamente. In questo processo, l'ascolto di se stessi e della propria interiorità è necessario e decisivo. Al contrario, non è possibile ottenere nulla che non sia già stato conquistato dentro di noi. A volte può accadere che questo processo sia inconscio o sembri predestinato, ma anche in questo caso le leggi sono comunque le stesse.

Qualcuno, a questo punto, potrebbe pensare giustamente che ci sia in gioco la forza di volontà, che determina l'acquisizione di un obiettivo da parte del soggetto. Anche questo è vero, ma non dimentichiamo che, mentre la forza di volontà tipica di molti contemporanei ha esclusive caratteristiche maschili ed emissive, la forza di cui parlavamo prima è arrendevole, femminile e armoniosamente ricettiva.

Quando qualcuno tenta di realizzare il proprio destino con la sola forza di volontà, se è deciso e perseverante riuscirà di sicuro ma solo dopo lunghi sforzi. In questo caso sarà lui a combattere e a cercare di modificare e adattare la realtà al suo obiettivo. Al contrario, colui che si arrende al flusso universale della vita, diventa un tutt'uno con l'esistenza e la sua realizzazione sarà fluida e rilassata, poiché priva dello stress tipico di chi lotta continuamente. Le differenze saranno ancora più evidenti nei risultati perché mentre l'uno, combattivo, realizzerà solo risultati nell'area dell'avere, l'altro, più armonioso con la vita, otterrà risultati che riguardano il mondo dell'essere. Volevamo dire che mentre l'uno avrà nel senso delle cose e dei piaceri l'altro sarà nel senso dell'essere e della gioia.

Quando nella vita raggiungi delle cose, il tuo futuro sarà tuttavia sempre preoccupato perché le cose non sono mai al sicuro e si possono comunque sempre perdere; al contrario, quando avrai nel senso dell'essere, qualcosa si rivelerà al mondo con le caratteristica del cuore e non si potrà perdere poiché è parte di te stesso e fluisce con il tuo sangue e con il tuo respiro. Ciò che hai, come cose materiali, le potrai solo in parte condividere per la ragione stessa che sono tue, come proprietà, e non possono essere degli altri. Quando il tuo avere riguarda l'essere, tu stesso sei condivisibile, poiché ciò che è in te, è dell'esistenza e chiunque ne potrà usufruire liberamente. Ciò che è nel tuo centro è eterno e perciò non si può perdere, nemmeno quando te ne andrai, perché fa parte della vita e con lei resterà anche quando non sarai più di questo mondo.

Il cuore umano è un piccolo cosmo ed è in contatto diretto con il grande cosmo e riceve i messaggi direttamente da lui. Entrando in contatto con il nostro vero nucleo, entriamo in realtà in contatto con il grande mondo creativo e, sintonizzandoci all'ascolto, saremo informati e allineati per realizzare il nostro destino e nello stesso tempo quello del mondo più vasto in cui viviamo.

Allora, e solo allora, si potrà parlare di somiglianza con Colui che ci ha creato, e il nostro fare e desiderare avrà le caratteristiche dell'essere e del creare. A quel punto e solo allora ci trasformeremo e avremo il diritto di chiamarci co-creatori.

10

Osservare ciò che desideriamo. Fury e l'autodidatta intuitivo

AUTODIDATTA - Allora, Fury, hai trovato ciò che cercavi?

FURY - Ancora no, ma sono certo di esserci vicino.

AUTOD - Bene, mi fa piacere sapere che sei sulla buona strada; me ne accorgo dalla risposta che non tradisce il tuo stato d'animo. La convinzione che hai e la certezza che ti sorregge, di sicuro ti porteranno a realizzare ciò che desideri da tanto tempo.

Spero che ora avrai capito.

FURY - Che cosa?

AUTOD - Che sei tu a creare la realtà. Tu sei responsabile della tua vita e decidi il tuo destino. La fisica, ha impiegato diversi secoli per scoprire queste verità decisive e fondamentali e ne spenderà altrettanti per accettarle.

FURY - Come mai?

Autod - Perché non siamo ancora pronti a prenderci le nostre responsabilità.

FURY - Quali sono queste verità a cui anche lei si appassiona?

AUTOD - Per rendertele accessibili, ti farò un esempio molto semplice. Immagina una scatola chiusa. All' interno, sospesa, una pallina da golf si sta spostando. Se osservi la sua traiettoria, noterai che dopo un po' la pallina inizierà a scendere per effetto del peso. Su questo fenomeno tutti sono d'accordo, anche i bambini. Tu che dici?

FURY - Si sono d'accordo anch'io.

AUTOD - Bene. Ora immagina una seconda possibilità. All'interno della stessa scatola chiusa, viaggia ora, una particella molto piccola, anzi piccolissima, che noi in fisica, chiamiamo quanto. Dentro la scatola, quel quanto avrà una traiettoria, che per ora non conosciamo. A differenza della pallina da golf, che ha uno spostamento prevedibile di discesa, curiosamente quello che farà il quanto non ci è dato di saperlo, né possiamo calcolarlo finché, e questo è il punto importante, qualcuno non aprirà quella scatola ed osserverà la particella.

FURY - Cosa spiega questo fenomeno?

AUTOD - Spiega che le particelle molto piccole sono influenzabili.

FURY - Da chi?

AUTOD - Da chi le osserva. Forse è lo stato d'animo dell'osservatore, il suo atteggiamento mentale, o la consapevolezza a materializzarle e a determinarne la traiettoria. Mentre la pallina da golf non può far altro che scendere, il quanto può salire o addirittura muoversi in un vortice, e tutto questo senza alcuna possibilità di previsioni. Le particelle reagiscono nel momento in cui le vedi; l'osservazione solidifica l'onda e crea la realtà

FURY - Cosa significa?

AUTOD - Significa semplicemente che determiniamo l'andamento delle cose. Siamo creatori responsabili e generatori di eventi nello stesso tempo e il modo di osservare determina le caratteristiche specifiche. Se ad esempio, guardassimo con nuovi occhi, si fa per dire, ciò che stiamo vedendo potrebbe cambiare completamente. Il potere della mente è straordinario e poco conosciuto. La realtà avrebbe potuto avere un aspetto completamente differente se semplicemente l'avessimo vista in modo diverso. Abbiamo la possibilità di scegliere, capisci? Continuamente nella vita scartiamo qualcosa e ne accettiamo un'altra. Tutto dipende da come e dove ti focalizzi; l'attenzione è selettiva.

Lo devi vedere.

FURY- Cosa?

AUTOD- Quello che desideri. La visualizzazione procurerà dentro di te un nuovo risuonante stato d'animo. Cerca di comprendere quanto è importante questa fase. Immagina e senti. Quello che ora decidi di vedere, più tardi sarà la linea del destino che percorrerai; ma è dentro di te che lo devi fare e non fuori. Guardi un aspetto della vita, lo immagini già tuo e più tardi, come in un miracolo lo trovi sul tuo cammino, per questo è importante scegliere bene ciò che vogliamo. In fisica si dice che l'onda collassa; è lo stesso fenomeno della luce con il flusso di fotoni.

FURY - Ma lei sta contraddicendo le leggi di Newton.

Autod - Non io ragazzo, è la realtà che le contraddice. Quello che ha detto Newton era vero e andava bene per quel periodo. In realtà la sua scoperta era parziale. La verità ora chiede un passo avanti e vuole essere completata. Io non sono contro nessuno, ma bisogna essere onesti e avere il coraggio di cambiare.

Fury - Qual è secondo lei l'aspetto più importante delle ultime scoperte della fisica quantica?

Autod - È quella che sono cadute le certezze e le classifiche che i vecchi fisici avevano fatto e si è entrati nel mondo delle infinite probabilità. Per secoli abbiamo creduto in un mondo meccanico e privo di vita dove l'uomo non aveva alcun potere decisionale. In realtà noi siamo protagonisti in questa vita. La fisica moderna lo dimostra e lo conferma. Quando una particella cambia stato energetico, non si può prevederne la futura collocazione. Lo stesso accade per noi umani. Tu ad esempio, stai cercando di raggiungere la ricchezza e questa è l'unica cosa di cui possiamo essere certi. Ma sull'eventuale successiva mossa che farai non possiamo affermare nulla se non dopo che l'avrai fatta, ovvero dopo la tua scelta. Nel momento in cui sceglierai cosa fare, sarà determinante il tuo stato di coscienza.

FURY - Cosa significa?

AUTOD - Significa la tua consapevolezza.

FURY - Da cosa è determinata la consapevolezza?

AUTOD - Dalla capacità di essere nel momento presente, cioè quando sceglierai. Dipende dall'attenzione con cui agirai, capisci? Se cerchi la ricchezza potresti raggiungerla, al contrario mancherai l'obiettivo e ti ritroverai povero.

FURY - In quel caso significa aver fallito?

AUTOD - Forse.

FURY - Cosa vuole dire?

AUTOD - Voglio dire che fallire sulla ricchezza non significa necessariamente fallire sulla felicità. Si può essere felici anche senza aver raggiunto l'obiettivo che ci eravamo prefissati. Le nostre personali idee di successo non sempre portano alla felicità. Ti dico questo perché ho l'impressione che tu abbia un concetto della vita troppo personale e limitato. Non sempre la ricchezza significa ciò che tu credi. C'è chi è ricco, ma non è felice. C'è chi ha l'indispensabile ed è soddisfatto, perché quel poco gli basta e lo fa vivere in pace. Come vedi le possibilità sono infinite e non tutte dipendono da quante cose si hanno. Non è una questione di quantità.

Fury - C'è anche chi è ricco e felice.

Autod - Certo.

Fury - Come mi definisce quest'ultima possibilità?

Autod - In equilibrio. Quando c'è coerenza tra esterno ed interno si crea equilibrio. C'è però una differenza tra i due aspetti che bisogna considerare che a te per ora ti sfugge. Mentre la ricchezza esteriore è determinata dalle cose, quella interiore fa parte dell'essere e non si può perdere, qualsiasi sia la condizione esterna, poiché ciò che è interno è iscritto nelle cellule ed è eterno come l'essere che lo ha creato.

Fury - Ma quella ricchezza interna, dei sentimenti e dell'essere di cui lei parla è una ricchezza astratta.

Autod - Questo lo dici tu. Come puoi parlare di cose che non conosci? Non sai nulla di te e delle leggi che ti governano. Sei alla disperata ricerca di qualcosa che possa renderti felice, ma nemmeno tu sai cosa. La tua attuale condizione di disequilibrio non ti permette di vedere il molto che hai e nello stesso tempo ti fa desiderare l'impossibile che forse non raggiungerai mai, creandoti ansia e malessere. Il fatto è che brancoli nel buio totale e aneli a qualcosa come il neonato anela al latte della madre. L'unica differenza tra te e il bambino è che lui sa dove aggrapparsi per alimentarsi, tu invece sembra non conosci ancora la direzione e la finalità della tua vita. Calmati ragazzo, ed osserva cosa ti succede. Predisponiti all'ascolto e trova la tua vera vocazione. Capisco che la ricchezza è bella e fa gola, ma ricordati che hai anche un'anima che chiede di essere considerata.

Fury - Ora capisco, da questa prospettiva quindi, ognuno di noi è creatore e libero di scegliere il proprio destino.

Autod - Immagina di essere in un grande supermercato dove i prodotti si trovano anziché a livello fisico, a livello energetico. Nel momento in cui scegliamo di prenderne uno, quello si materializza. Siamo noi che al momento delle scelte prendiamo una cosa, escludendo le altre. Potresti acquistare mele, oppure pere; dipende da te. E dipende anche da te sapere cosa sarà meglio per la tua salute. Se al contrario sceglierai dei dolci, abbi almeno la consapevolezza che il loro effetto non sarà lo stesso della frutta. All'inizio le possibilità sono infinite. Scegliere determina ciò che incontreremo più tardi, capisci? È qui nel presente che decidiamo il futuro. In questo senso ampliato, la nostra responsabilità non è esclusivamente terrena, ma cosmica. Hai detto che stai cercando la ricchezza.

Fury - Sì.

Autod - Allora devi conoscere ancora un altro segreto che supera la fisica e che riguarda invece una legge magica.

Fury - Mi dica.

Autod - Per ottenere quello che vuoi, devi prima imparare a dare. Dai ciò che stai cercando e quel dono ritornerà verso di te amplificato. Se vuoi raggiungere il tuo obiettivo non dimenticare questa semplice verità. Hai mai provato a lavorare con l'immaginazione?

Fury - Sì, da un po' di tempo mi dedico a degli esercizi che mi hanno permesso di scoprire questo nuovo aspetto della vita, che prima non pensavo esistesse.

Autod - Allora saprai di sicuro che la mente è capace di visualizzare e proiettare nel futuro ciò che vuole nel presente. Attivando le tue facoltà, puoi ottenere quello che desideri ancora prima di averlo raggiunto. Il problema, pur-

troppo, è che utilizziamo solo poche delle facoltà a nostra disposizione. Non conosciamo il potere che è dentro di noi, ma pretendiamo di avere ciò che desideriamo. Questo spiega perché è così difficile raggiungere i nostri obiettivi. Quando chiediamo senza conoscerci, si creano problemi di coerenza. E' come pretendere di guidare una macchina senza conoscerla e non sapere dove andare. Per questo, prima di tutto è necessario far luce dentro di noi e poi incamminarsi verso la meta. Sai perché hai l'intelligenza?
FURY - Perché?
AUTOD - Perché per realizzarti non basta solo volere, bisogna anche sapere.
FURY - Che cosa?
AUTOD - Cosa fare. Non puoi limitarti a chiedere semplicemente la ricchezza, non siamo al mercato. Il cielo, a cui inviamo, consapevolmente o inconsapevolmente continuamente le nostre richieste, non è un bazar. Oltre a concentrarti sulle tue richieste dovresti sforzarti nello stesso tempo, di cercare di capire chi sei e cosa sei chiamato a realizzare su questa benedetta terra. Fare consapevolmente luce nella vita, significa evitare inutili sprechi di energia in itinerari che non sono nostri e non rientrano

nel nostro destino. Dunque, se stai cercando la ricchezza, dovresti anche chiederti, prima di tutto, se sarà un bene per te e se produrrà veramente la felicità sperata. Chiedi con sincerità e attendi con fiducia. Non forzare la risposta; dagli il tempo di raggiungerti. Ciò che tu desideri ricevere, arriverà di sicuro e molto probabilmente quando meno te lo aspetti. Ci sono esseri ed entità che lavorano in questo senso e in questa direzione; loro sanno come soddisfare ogni richiesta anche quando sembra non esserci possibilità. Quella realtà misteriosa è il mondo della coerenza assoluta. A volte può accadere che dopo una richiesta, tu riceva di più di quello che ti aspettavi, perché in alto è stato stabilito così. Nel frattempo, resta vigile e attento ad ogni tipo di segnale in arrivo, anche a quelli che ti sembrano insignificanti.

FURY - È strano.

AUTOD - Che cosa?

FURY - Il fatto che con alcune leggi di fisica, si riesca a spiegare fenomeni della vita così importanti.

AUTOD - È possibile perché tutto e tutti siamo collegati.

FURY - Da che cosa?

AUTOD - Dal vuoto.

Fury - Cosa?

Autod - Dal vuoto, si hai capito bene. È lui che ci tiene uniti alle sue eterne trame invisibili. Ciò che ti fa credere di essere separato è la mente, capace di osservare solo l'aspetto materiale e freddo della realtà. Quella del vuoto, è una delle ultime scoperte della scienza moderna. Se osservi la struttura dell'atomo con il nucleo centrale e gli elettroni che gli ruotano intorno, puoi scoprire un'altro segreto che ti aiuterà a raggiungere ciò che stai cercando.

Fury - La sto ascoltando, mi dica.

Autod - L'atomo è molto piccolo e il nucleo centrale lo è ancora di più. Ciò che è grande, in proporzione, è la distanza tra il nucleo e l'elettrone. Quello spazio, quel vuoto, è molto più esteso rispetto alla struttura complessiva della particella. Le stesse proporzioni si possono osservare nel cielo con i pianeti del sistema solare. Anche lì, gli spazi vuoti che misteriosamente tengono sospesi i corpi celesti, superano di gran lunga le loro dimensioni.

Fury - Cosa significa?

Autod - Significa che il vuoto è l'essenziale e la cosa più importante nella vita, sia grande che piccola. È lì, in quella zona invisibile all'occhio umano che si segna gran parte del destino personale e cosmico. Quindi, se vuoi raggiungere e creare la tua realtà, devi considerare quella zona vuota presente anche dentro di te e imprimergli le tue intenzioni. Lavorare sull'invisibile, come dicevano gli antichi saggi, per creare e favorire l'apparire del visibile, capisci?

Lo sai che quel vuoto è pieno?

Fury - Di che cosa?

Autod - Di energia; energia libera, che noi possiamo utilizzare se vogliamo.

Fury - Come si fa?

Autod - Con la volontà. In quello spazio senza tempo le possibilità sono infinite. Quel vuoto che esiste nell' universo, è anche dentro di noi. È lì che vive la memoria cosmica.

Fury - Dunque il vuoto è pieno.

Autod - Si.

Fury - Sono un po' confuso.

Autod - È normale. Il vuoto, in realtà non esiste. In natura quando si crea un vuoto, immediatamente qualcosa lo riempie. Sono leggi non solo fisiche. Se da un recipiente fai uscire l'acqua che vi è contenuta si riempirà immediatamente di nuovo.

Fury - Di che cosa?

Autod - Di aria. E se togliessi l'aria si riempi-
rebbe di un elemento ancora più sottile.

Fury - Perché è così difficile capire il vuoto?

Autod - Non è difficile capire il vuoto è impossibile.

Fury - Non la seguo.

Autod - Le nostre facoltà razionali non sono
in grado di comprendere perché quel mondo è
privo di termini di paragone. Quando tu dici
che una cosa è bella lo dici rispetto ad un'altra.
Se parliamo di vuoto questi termini di confron-
to decadono. Per questo i mistici hanno più
possibilità di noi di penetrare questi misteri.

Fury - Cosa hanno loro più di noi?

Autod - Nulla, sono solo capaci di sentire di
più. Con uno specifico lavoro su di loro, affi-
nano le capacità corrispondenti di sensibilità a
risuonare a quelle dimensioni invisibili. Alcuni
fisici che hanno utilizzato queste tecniche sono
arrivati a scoperte che i metodi tradizionali
non avrebbero mai permesso di raggiungere.
Sono due lavori separati, uno interno verso di
noi, l'altro esterno verso il mondo. Uno è verticale, l'altro orizzontale, ma ambedue si muovono per l'unico scopo. Uno fa sentire il piccolo, l'altro fa vedere il grande. È come una
croce universale che si espande contempora-

neamente nel tempo e nello spazio avvolgendo l'esistenza. Gli esseri umani si trovano nei punti dove queste linee si incrociano e rappresentano significativamente dei cristalli riflettori.

FURY - Che cos'è secondo lei la felicità?

AUTOD - La felicità, quella vera è un allineamento tra la tua individualità presente e l'essenza cosmica che ti ha generato. È il principio della risonanza armonica, conosciuta in fisica come frequenza risonante. Quando queste due cose, inseparabili, saranno coerenti tra loro, realizzerai te stesso e sarai contemporaneamente felice. È come se improvvisamente entrassi nel flusso universale e diventassi un'unica cosa con lui. Quando sarai in quel luogo avrai la sensazione di sentirti creatore con l'esistenza, sarai nel tuo corpo e nello stesso tempo ovunque e da lì diverrai improvvisamente capace di piegare gli eventi.

Avrai notato che quasi tutti cercano la ricchezza e il successo come te, ma pochi, anzi pochissimi la realizzano? Ti sei mai chiesto il perché? Se non ci riescono dovrà pur esserci un motivo.

FURY - Forse sono poco convinti.

Autod - Forse la loro essenza, chiede un'altra cosa. Ci sono molti modi per essere felici e fare soldi non è l'unico.

Fury - Ho sentito dire che lei ha una sua teoria sulle particelle di luce, chiamate fotoni.

Autod - Cosa vuoi sapere?

Fury - Secondo il suo punto di vista, la luce è una particelle o un'onda?

Autod - Ambedue.

Fury - Non è possibile; e lei lo sa.

Autod - Come ti dicevo prima, avvicinandoti ad un'onda vedrai delle particelle.

Fury - Mi scusi ma non è coerente.

Autod - Allora prova a scoprirlo tu. I fisici si sono confrontati per più di cento anni su questo argomento.

Fury - Cosa hanno concluso?

Autod - Non sono arrivati ancora a nulla di definitivo. Sembra che la luce, si comporti contemporaneamente sia come particella, sia come onda.

Fury - Lei come ha risolto il problema.

Autod - Il problema, in realtà, non esiste. Un flusso di particelle o di fotoni, è ciò che è perché è in armonia con il cosmo che lo ha generato e che lo contiene. Chi crea i problemi siamo noi, che non siamo allineati con quel flusso e pretendiamo di osservare ciò che la nostra mente vorrebbe vedere. Tu, ad esempio cerchi la ricchezza e la felicità ma non ti rendi conto che è già presente in te eppure ti ostini a non vederla, malgrado la desideri intensamente. Hai tutto, ma per qualche motivo sconosciuto anche a te, non lo accetti. Chiedi a gran voce ciò che vorresti avere e lotti con tutte le tue forze per ottenerlo. Ti senti importante e soddisfatto nella misura in cui attiri problemi che non sono tuoi. Eppure io vedo luce in te. Sei completo! Completo e unico. In te c'è tutto. Ma lo devi vedere, devi vedere e sentire l'essere che è in te. Il fatto è che hai paura non del buio, ma della luce che ti illumina, questo è il problema amico mio. Le illusioni provengono da un errore umano di messa a fuoco. Se, chi ci ha creato, come dicono i mistici, ha voluto vedere il mondo attraverso i nostri occhi, aveva anche predisposto in noi una libertà capace di allinearsi spontaneamente al suo volere. È qui, ragazzo, che abbiamo mancato l'obiettivo. Il problema non è l'onda o la particella; il problema è che non siamo in armonia con il sistema che ci ha creato e ci contiene, perché siamo troppo concentrati su noi stessi, sulle nostre aspirazioni personali e sulle inutili ambizioni.

Hai mai provato a seguire con lo sguardo il movimento di uno sciame d'api o di uno stormo di uccelli? Si muovono in sintonia perfetta, restando singole parti separate. È come se comunicassero tra loro con emissioni invisibili e ognuno sapesse a priori ciò che deve fare restando connesso al tutto. Questi punti sono in un armonia tale da sembrare contemporaneamente sia onda, sia particella e sono capaci di creare delle musiche che la scienza sta cominciando a considerare e a misurare. Bisogna essere umili e riconoscere che c'è un'intelligenza interna in questi fenomeni che a noi ci resta difficile decifrare, perché supera la nostra ridotta facoltà mentale. Tuttavia, volevo precisare che mentre la disputa onda-particella è andata avanti per un secolo, nel frattempo nessuno si è chiesto cosa fosse la luce nella sua essenza. Capire se per caso non stesse trasportando un messaggio, un'informazione verso di noi. In futuro, superato l'enigma onda-particella, sono certo che sarà questo il nuovo mistero che la fisica dovrà affrontare.

Mettiti all'opera, ragazzo, ora hai molto materiale su cui lavorare.

11

Fury e lo scienziato

*Siamo nell'era in cui è necessario
accogliere nuove idee restando
fedeli alla tradizione*

Vi sarà sicuramente capitato qualche volta di fare una passeggiata in montagna e, nonostante la conoscenza del luogo che state visitando, può accadere per alcuni momenti di perdere l'orientamento e non sapere più dove andare. Questo non vuol dire che si è persa la strada. Non si può pretendere di conoscere del tutto il territorio che si va esplorando. In quella parentesi si ha modo di incontrare qualcosa di nuovo e inaspettato, che va ad arricchire favorevolmente la nostra esperienza e la conoscenza di quel luogo. La stessa cosa avviene quando ci inoltriamo nel territorio della fede e della ricerca della nostra vocazione interiore. Alcuni periodi scorreranno tranquillamente, altri si presenteranno con maggiori difficoltà. Nei momenti in cui non troviamo appoggi esterni necessari ad avanzare, può tornare utile l'appiglio interno della fede. Può anche accadere, durante il percorso, di incontrare qualcuno che può esserci d'aiuto e ci spinga a superare l'apparente momentaneo attimo d'indecisione. Questi incontri, il più delle volte, non sono previsti, ma hanno comunque la caratteristica di arrivare al momento giusto; non c'è volontà, così come noi la concepiamo; qualcosa si deve verificare e nel concretizzarsi sembra seguire un piano invisibile superiore.

I precedenti colloqui tra Fury e i particolari personaggi, sebbene non rientrassero in un programma specifico, facevano comunque pensare ad un disegno al di sopra degli eventi. È come se, nel momento in cui incominciamo ad avanzare nel mondo dell'invisibile, qualcosa ci segua e si predisponga secondo le nuove necessità.

Anche questo nuovo incontro con lo scienziato che stava per avvenire non era stato programmato, ma come gli altri rappresentava quel tassello necessario a completare un quadro che adesso iniziava veramente a prendere una propria particolare fisionomia.

Lo specialista, di origine italiana, emigrato in America ancora giovanissimo, dottore in ingegneria aerospaziale e nucleare, esperto alla Nasa tra i primi al mondo; un curriculum impressionante, interrotto improvvisamente senza motivi apparenti. Tornato in Italia, l'uomo si era ritirato, come se avesse voluto misteriosamente fuggire dal mondo. Fu un amico di Fury, per caso, quando lui stava partecipando ad un corso di fisica, che gli parlò del personaggio in questione e gli consigliò di incontrarlo. L'occasione era unica e non poteva perderla. Il numero degli incontri con persone particolari poteva continuare e arricchirsi di nuove e interessanti caratteristiche diverse da quelle precedenti. Fury stava per conoscere uno scienziato, un fisico della materia, che gli avrebbe parlato della sua esperienza da una prospettiva diversa rispetto a quella da lui già conosciuta.

Una mattina molto presto squillò il telefono e il suo amico, incontrato precedentemente al corso, l'avvertì che lo studioso era disposto a vederlo. Fury si preparò e partì immediatamente quello stesso giorno.

SCIENZIATO - Hai il viso stanco, cosa ti succede?
FURY - Sono stressato.
SCI - Che cos'è lo stress?
FURY - È una malattia, è la malattia per eccellenza della nostra era.
SCI - No, lo stress non è una malattia. Lo stress è una creazione della mente; nella realtà lo stress non esiste. Con questo non voglio dire che non puoi essere stressato. Quando sei stressato, significa che stai lavorando con il tuo ego; è l'ego che è stressato, perché vuole sempre tutto. La stanchezza che tu hai è una conseguenza del tuo ego che sta guidando la tua vita e usurpandoti il potere.
FURY - Come posso fare per vincere lo stress?
SCI - Non devi vincere lo stress perché altrimenti quel tipo di competizione ti farebbe ritrovare ancora più stressato. Potresti, invece, provare a collegarti semplicemente alla terra e

chiederle di ricaricarti. Quando vuoi una cosa, devi imparare a chiederla ed essere convinto.

FURY - Non sempre le mie richieste vengono esaudite.

SCI - Perché non provengono dal cuore. Le richieste del cuore sono allineate ai propositi universali e si realizzano sempre per la ragione stessa del loro carattere armonioso. Il potere della mente è immenso e poco conosciuto. Se pensi di essere stressato, lo sarai. Prova, al contrario, a pensarti pieno di vigore; visualizzati nella luce e sii più propositivo. Dai potere a questa nuova idea e lo stress si allontanerà da te perché non ama un pensiero simile. Lo stress va dove sa che può comandare, ma abbandona i luoghi che non gli danno speranza di sopravvivenza.

Ma torniamo a noi. Non credo che oggi sei qui per parlare di queste cose. Di cosa ti interessi; come mai hai voluto incontrarmi?

FURY - Sono un ricercatore.

SCI - Che cosa ricerchi?

FURY - Prima cercavo le cose fuori di me, adesso cerco dentro di me e apprendo dalla vita quotidiana di tutti i giorni.

SCI - Sei sulla buona strada. Anch'io, in un certo senso, ho avuto la stessa disavventura (dopo questa frase lo scienziato scoppia a ridere e Fury lo segue). Allora perché sei da me?

FURY - L'ho voluta incontrare perché sono affascinato dalla scienza e dalle sue scoperte. Lei ha lavorato tutta la vita nel campo della ricerca e i suoi esperimenti sulla materia l'hanno resa famosa. Poi un bel giorno, improvvisamente, ha lasciato tutto e si è ritirato da quel mondo che fino allora era la sua stessa ragion di vita. Non vorrei sembrarle troppo curioso, ma, visto che ci siamo incontrati, mi piacerebbe capire il motivo che l'ha spinta ad una decisione così importante della sua vita di scienziato e di uomo. Perché ha lasciato l'America?

SCI - Ho lasciato l'America perché ho ascoltato il mio cuore ed ho lasciato il mio lavoro perché ho ascoltato la coscienza.

FURY - Cosa vuole dire?

SCI - L'attuale scienza moderna ha perso il necessario carattere sacro, proprio di ogni vera forma di conoscenza. La deviazione che ha subito la ricerca scientifica è tale, da mettere in dubbio addirittura la futura permanenza sul pianeta. Abbiamo purtroppo dimenticato la luce della tradizione, che per millenni ha illuminato il cammino dell'uomo. Abbiamo riscritto la storia e adattato la verità eterna ai nostri parametri umani, limitati e limitanti. Ci crediamo superiori ai grandi del passato, solo perché costruiamo macchine che possono distruggere intere nazioni. Sono andato via dal mio lavoro, perché questo tipo di scienza è privo di coscienza e non vede oltre i suoi stessi paraocchi. Ha creduto necessario spiegare tutti i fenomeni dell'esistenza, dimenticando di vivere la bellezza e la gloria dell'universo. La sua verità non è sbagliata, è parziale perché ha visto solo una parte della realtà che ha continuamente sezionato. La scienza attuale ha studiato tutto ciò che c'era da studiare riguardo la materia, ma ha dimenticato l'uomo, quale centro vivente corrispondente al più grande corpo vivente che è il cosmo. Lo scienziato studia e s'informa, ma trascura se stesso. Cerca la possibile acqua nei pianeti lontani e dimentica nel frattempo i fiori del suo giardino. La sua è una ricerca fatta solo ed esclusivamente con la testa e non è sorretta, per sua sfortuna, dal necessario calore del cuore. L'assenza totale di emozioni lo rende uno specialista freddo, e lo scollega e allontana dal centro pulsante, vitale del cosmo tenendolo nell'illusione di poter capire ciò che in realtà è solo possibile sentire. Se chiedessimo ad un uomo simile perché la materia che lui studia non si perde ma si tiene insieme a formare un corpo vivente, avrebbe sicuramente difficoltà a rispondere. La legge in questione di cui ti parlo, riguarda il mistero dell'amore, che lui non conosce, poiché la sua vita non ne ha avuto le caratteristiche ed è andata perduta per sempre. Forse avrà ottenuto riconoscimenti da parte di altri esseri come lui, ma l'esistenza è un'altra cosa e non può essere ridotta al nostro limitato schema mentale. Non è lei che si può adattare a noi, siamo noi che dobbiamo, anzi possiamo armonizzarci con il suo eterno ritmo propositivo.

Fury - Com'è potuta avvenire una caduta simile?

Sci - Perché lo scienziato si è dedicato troppo allo studio della materia e ha dimenticato se stesso e il necessario contatto con la coscienza. Lo studioso di oggi lavora esclusivamente con l'intelletto e dimentica la necessaria facoltà del sentire. Capire con la testa è necessario e può rappresentare l'inizio del futuro sentire con tutto il corpo. Come nell'antichità, in cui l'uomo era più intuitivo, in futuro, nel mondo che verrà, si dovrà cercare di lavorare in questa direzione.

Fury - Anch'io sono affascinato dagli antichi.

Sci - In questi ultimi anni mi interesso molto delle tradizioni passate e del loro modo di procedere. I nostri antenati sapevano molto di più di quanto oggi la scienza moderna supponga.

Fury - Com'era possibile, visto che non avevano a disposizione i mezzi che abbiamo noi oggi?

Sci - Perché loro, oltre alle facoltà intellettuali, lavoravano con il cuore e la volontà, ma soprattutto, come ti dicevo prima, sentivano con tutto il corpo ciò che risuonava con l'universo. Non dimentichiamo che la scienza moderna ha studiato la materia solo a livello fisico e, quindi, è soltanto all'inizio della via che conduce alla verità.

Fury Lei per anni ha studiato il cielo e le sue leggi; cosa mi dice di Keplero?

Sci - Keplero rientra in quella categoria di studiosi, di cui prima ti dicevo. Quando scoprì le leggi dell'universo, lo fece senza gli strumenti che oggi sono a disposizione degli scienziati moderni. Nella realtà, Keplero, oltre a scoprire quelle formule che ancora oggi sono la base della moderna astronomia, rivelò le leggi dell'equilibrio e dell'armonia planetaria. Esseri come lui nascono ogni tanto e lasciano l'impronta: il loro arrivo sulla terra non è casuale, ma coincide quasi sempre con una necessità terrena particolare. Alcuni eventi e disegni superiori devono realizzarsi e così avvengono incarnazioni di questo genere. È una legge che sfugge alla logica umana, poiché non la riguarda, ma ha una propria strategia per raggiungere anche zone lontane e fredde del cosmo come il nostro pianeta. Keplero è stato uno dei pochi che è riuscito a quadrare il cerchio. Dovremmo inchinarci di fronte a questi grandi geni del passato. Se oggi siamo arrivati al punto in cui ci troviamo, molto lo dobbiamo a loro; e, visto che me lo chiedi, colgo l'occasione per ricordare alle menti distratte del nostro acclamato mondo moderno, un simile essere. Le differenze dei sistemi e metodi di ricerca, tra noi moderni e gli antichi saggi, si fanno ancora più evidenti alla luce del ricordo di simili personaggi. L'uomo dell'antichità, per esempio, non avrebbe mai pensato di costruire una navicella o un qualsiasi ingombrante mezzo meccanico per scoprire altri pianeti. Il suo modo di procedere era diverso dal nostro. La ricerca era prima di tutto interiore ed intuitiva, con un'attenzione particolare a se stesso e conseguente tentativo di armonizzare il proprio microcosmo con il più vasto macrocosmo parallelo. La risonanza, che si sarebbe automaticamente prodotta, avrebbe di sicuro scongiurato l'approccio fisico-materialista-acquisitivo, tipico dell'attuale era. Con questo non voglio dire che sia sbagliato andare a visitare altri pianeti e altri possibili mondi. Volevo solo ricordare che portare la nostra mentalità oltre i confini terrestri potrebbe essere pericoloso e inutile. Ci sono dei limiti segnati nelle gerarchie cosmiche da un'intelligenza superiore, che gli antichi conoscevano e soprattutto rispettavano. Non possiamo fare tutto quello che vogliamo e sentirci in diritto solo perché ci reputiamo superiori. Come si può pretendere di andare a sondare mondi e pianeti lontani, quando qui sulla terra abbiamo un'infinità di paure inconsce che solo ora cominciamo ad avere il coraggio di affrontare? È inutile portare i nostri innumerevoli problemi al di là del pianeta in cui viviamo. Potrebbe essere un'idea invece, cercare prima di tutto di risolverli qui da noi ed eventualmente, solo dopo tentare nuove avventure. Ci sono delle priorità e delle gerarchie che l'essere umano non ha il diritto di modificare a suo piacimento. Tutto è iscritto dentro di noi e se solo avessimo la volontà di scoprirlo, vedremmo l'inutilità di tanti desideri ambiziosi. Siamo il microcosmo per eccellenza e tutto quello che c'è nell'immensità del cielo è anche in noi. Così il buio e il freddo, come la luce, sono nel cosmo e nello stesso tempo nell'uomo, poiché lo corrispondono. Andarli a cercare nei mondi planetari rappresenta l'effetto corrispondente dell'atavica necessità inconscia a conoscere ed affrontare noi stessi. Le stesse emozioni, che si sperimentano andando a conoscere altri pianeti, si potrebbero provare evitando pericoli e inquinamento, penetrando al nostro interno. Il ricercatore antico non aveva bisogno di spostarsi fisicamente per incontrare ciò che aveva già conosciuto dentro di sé; non ne vedeva il motivo e non ne sentiva la necessità.

FURY - Dunque, secondo lei, ad un progresso materiale deve corrispondere necessariamente un'evoluzione interna dell'individuo, che funga da nota equilibrante.

SCI - Immagina un essere umano che studia l'energia atomica e fa, nello stesso tempo, un lavoro cosciente dentro di sé, nei termini conosciuti dalla tradizione come evoluzione ed elevazione interiori. Questo studioso molto probabilmente, pur nelle sue potenziali conoscenze, non penserebbe mai di costruire ad esempio, una bomba atomica. Non lo farebbe perché ha un contatto con la coscienza, che gli proviene da quella evoluzione interiore, di cui parlavamo. Quando un tecnico, e chi ti parla ne sa qualcosa, arriva per sua e altrui disgrazia, a conoscere i segreti della materia e non evolve interiormente, sarà come un bambino con un'arma carica in mano. Capisci perché la nostra osannata tecnologia è pericolosa? Ti dirò di più; non è la tecnologia ad essere pericolosa è l'uomo che è pericoloso, perché non è cresciuto abbastanza e contemporaneamente alla sua conoscenza.

FURY - Cos'è che fa crescere l'uomo veramente e lo distingue dalle altre forme viventi?

SCI - È la coscienza. E' lei la vera luce che può illuminare la scienza dall'alto. Il vero progresso è verticale ed è il solo che permette l'osservazione allargata e la corretta visione.

FURY - Come definisce la coscienza?

SCI - La coscienza così come era definita dalla tradizione è scienza-con e non riguarda il corpo biologico anche se lo comprende, ma un corpo più leggero che abita le alte regioni della luce, dove vive quell'unità di memoria causa prima del progetto integrale degli universi. Da qui si originano linee e geometrie luminose che manifestano le intenzioni di chi ci ha creato. La coscienza è il cristallo dentro di noi che ci mette in contatto con questa super vibrazione. Per un essere umano fluire a simili ritmi significa trasformare il proprio destino e portarlo a frequenze non solo ed esclusivamente terrene, ma cosmiche ed universali. Quando dialoghiamo con la nostra coscienza siamo nella verità e diveniamo responsabili, creativi e partecipi del piano divino. Avere la possibilità di creare è un grande dono che ci è stato concesso e va utilizzato correttamente con perspicacia e saggezza. La vera scienza è sacra e riguarda contemporaneamente le oceaniche profondità della nostra essenza e i mondi galattici lontani. Scienza non significa costruire armi e missili sempre più perfetti. La vera scienza è un'azione capace di ascoltare con umiltà la magia sonora dell'universo e nello stesso tempo il ritmo corrispondente del proprio cuore. L'intelligenza è la coordinatrice delle forze in gioco che si corrispondono e mette in contatto il piccolo micro-mondo dentro di noi, con il macromondo fuori e oltre di noi. La vera scienza è capace di farti sentire l'universo che è oltre il nostro piccolo pensiero, rinchiuso nello schema, che lui stesso si è creato. La conoscenza degli antichi saggi era completa e coerente rispetto alla nostra perché il ricercatore, mentre procedeva verso la sua anima, incontrava la memoria universale e proiettava, con l'essenza così informata e per effetto di questo nuovo contatto, una luce centrifuga che lo collegava al cosmo e gli permetteva di conoscere per affinità i segreti corrispondenti di altri mondi. Le capacità estatiche dei mistici, sconosciute purtroppo ai moderni ricercatori, erano le sole capaci di produrre simili slanci e avere per risultato quella pienezza armoniosa che il moderno scienziato, per sua sfortuna non avrà modo di sperimentare poiché chiuso al suo livello esclusivamente fisico e materiale.

Fury - Si deve però riconoscere che oggi si sono conquistate vaste   conoscenze del cielo.

Sci - Si, ma è anche vero che ciò si è ottenuto a caro prezzo. Nonostante le moderne conquiste, psicologicamente siamo più deboli di prima e incapaci di affrontare persino le cose più semplici della vita quotidiana. Il nostro è un disequilibrio e uno sfasamento pericoloso che appare evidente anche ai più distratti. Il senso di malessere senza apparenti motivi è diffuso oggi molto più di prima, quando non si era arrivati ancora a tante conquiste materiali. Chi percepisce di più queste sensazioni sono spesso le persone semplici, come, ad esempio, i vecchi contadini, che pur non avendo studiato sui libri, hanno un vago presentimento che qualcosa non stia funzionando come dovrebbe. Dobbiamo ammetterlo, un po' coscientemente e un po' incoscientemente, stiamo tentando di imporre il nostro ritmo forsennato all'esistenza terrestre e al cosmo che ci sta amorevolmente ospitando. Ci crediamo, purtroppo, i padroni non solo del mondo, ma adesso anche del cosmo; poi ci lamentiamo se ogni tanto una navicella torna pericolosamente indietro verso di noi. Ma è normale. Se il cielo è sereno non può piovere, piove se ci sono le nuvole. Le nuvole fanno piovere esclusivamente acqua. Se noi, invece, spariamo oggetti metallici nel cosmo, può avvenire che piova qualcos'altro. Dobbiamo fare attenzione, con le leggi non si scherza; non siamo noi a farle, noi le dobbiamo solo rispettare con umiltà, poiché non siamo stati i creatori del mondo. Se andiamo su altri pianeti, a maggior ragione l'attenzione e la prudenza dovrebbero aumentare con la distanza che percorriamo. Non dimentichiamo che l'essere umano è un ospite sulla Terra ed è

chiamato a proteggerla e rispettarla, poiché è
la sua casa. Siamo un po' infantili quando crediamo di poter conquistare e controllare cose
che noi potremmo, nella realtà, solo contemplare. Non bisogna essere degli eremiti o dei
saggi per vedere la semplicità e la grandiosità
delle leggi e dei movimenti segnati dai pianeti
nel loro eterno e armonioso movimento. Con
un po' d'attenzione, e lasciando da parte quei
problemi che inutilmente ci carichiamo, dando
un po' di spazio a noi stessi, andando ad ascoltare il silenzio di un bosco o lo scorrere di un
fiume, forse potremmo un giorno tornare a ricordare quella madre dimenticata che si prodi-
ga amorevolmente e ci accudisce: la natura.
FURY - Chi è secondo lei che ha sbagliato?
SCI - Tutti. Tutti siamo responsabili dello stato
attuale delle cose; abbiamo creato un mondo di
plastica, senza anima. Siamo incapaci di emozionarci di fronte alla grandezza della vita.
Passiamo i giorni e le sere a guardare programmi in televisione senza senso, mentre fuori il cielo e le stelle segnano, con i loro eterni
movimenti, le geometrie sacre della vita. Non
abbiamo solo dimenticato la madre terra che ci
sorregge, trascuriamo anche il cielo da cui
proveniamo e dove forse un giorno ritornere-

mo. L'alba di un sole splendente, in un giorno di primavera, in cui i fiori emanano l' odore e donano il colore alla vita, non ci dice più nulla. Siamo diventati sordi e ciechi agli eventi miracolosi dell'eterno procedere ritmico della vita. Siamo artificiali e pieni di problemi creati da questo nostro vivere scollegato e senza senso. Ci lamentiamo continuamente della realtà che noi stessi creiamo e che difendiamo con incoscienza e orgoglio. Abbiamo creduto alla possibilità di poter risolvere tutti i problemi con tecnologie e macchine. Sappiamo, senza comunque per ora riconoscerlo, che un giorno saremo costretti a tornare a vivere in maniera un po' più semplice e naturale, ma per ora non possiamo né vogliamo fermarci nella corsa verso una meta che nemmeno noi conosciamo. Si, è vero, brancoliamo nel buio e ogni momentaneo rallentamento del nostro procedere ci porta ad uno sconforto, di cui non riusciamo a trovare la causa. Con gli aerei raggiungiamo velocemente qualsiasi luogo della terra e portiamo orgogliosamente con noi questa mentalità limitata ed invadente che ha fallito anche qui; e malgrado lo sappiamo, poiché ne subiamo gli effetti, insistiamo sempre più convinti.

Solo adesso si comincia a vedere l'inutilità di tanta assurdità.

Sono andato via dal mio lavoro perché la nostra tecnologia ha purtroppo fallito, poiché non si è armonizzata con il cuore dell'universo. Solo perché abbiamo creato macchine più moderne e veloci, ci crediamo in diritto di poter organizzare la vita dei popoli meno progrediti a livello materiale. Gli inutili, superflui e ingombranti oggetti che abbiamo creato, e di cui andiamo fieri, tentano inutilmente e senza successo di riempire il vuoto interiore, accrescendo la disperazione che loro stessi non riescono a placare. Ci crediamo i padroni di tutto, perché abbiamo i soldi per comprare ogni cosa che ci suggerisce la mente confusa e limitata. Il nostro livello di progresso tecnologico è inversamente proporzionale al livello d'evoluzione interiore. Siamo insicuri e deboli psicologicamente, perché abbiamo perso i contatti con la vera essenza, la sola che avrebbe potuto trasformarci da semplici oggetti di consumo ad esseri integri e completi, com'eravamo destinati ad essere. Abbiamo dimenticato l'umiltà e il rispetto del prossimo e di noi stessi. Siamo come quel generale che voleva comprare la terra degli indigeni della

prateria dove costruire la ferrovia per traspor-
tare le merci del nuovo mondo. É incredibile e
stentiamo noi stessi a crederci; non sappiamo
più dove mettere le cose che compriamo, perché superano i reali bisogni e, peggio ancora,
non riusciamo più nemmeno a smaltire quello
che scartiamo. Abbiamo innescato un meccanismo a ghigliottina pericoloso per noi e per
gli altri. Non siamo nemmeno in diritto di po-
terci lamentare, poiché tutte le scelte che abbiamo fatto sono state operate liberamente,
cioè per nostra libera scelta. Siamo creati liberi
e creativi e siamo stati noi a decidere. Il nostro
destino non è né programmato né predestinato,
come alcuni contemporanei dilettanti studiosi
d'astri della domenica vorrebbero farci credere.
FURY - Visto che oramai, nel bene o nel male,
l'abbiamo creata, qual è secondo lei il ruolo
della tecnologia in questa era?
SCI - Devi sapere che noi esseri umani, abbiamo delle facoltà donateci dall'intelligenza
creatrice. Quando, per vari motivi, perdiamo
queste facoltà interne, iniziamo a cercarle
all'esterno e creiamo degli strumenti che le so-
stituiscano e ci permettano di avere un maggior rapporto con l'ambiente circostante. Le

scoperte tecnologiche vanno con un flusso inversamente proporzionale alla capacità degli umani di dialogare con queste facoltà interne. Volevo dire che, quanto maggiore sarà la tecnologia tanto minori saranno le capacità dentro di noi, poiché queste ultime saranno purtroppo sostituite da quelle scoperte di cui tanto andiamo fieri.

FURY - Lei ha avuto modo di studiare il cielo con gli strumenti più avanzati. Adesso, in questa particolare fase della vita, studia se stesso; qual' è la differenza?

SCI - Non ci sono differenze. Quello che studi nel cosmo, lo puoi vedere dentro di te, poiché gli corrisponde. Il grande è come il piccolo e viceversa. Non è una filosofia, è realtà. Per vedere questa realtà devi osservarla dentro di te e poi sentirla. Così procedevano gli antichi; per questo conoscevano l'universo malgrado non avessero navicelle e missili.

FURY - E l'equilibrio?

SCI - Quella dell'equilibrio è una delle scienze più antiche e importanti che si possano conoscere. Un giorno, se vorrai, approfondiremo questo delicato argomento che richiede sicuramente molto tempo. Tuttavia, ricordati che noi siamo in equilibrio, perché il nostro sistema è in equilibrio. Sulla terra, i continenti sono posizionati in maniera da mantenere e confermare l'equilibrio iniziale.

Fury - E l'inclinazione terrestre?

Sci - L'inclinazione terrestre è necessaria allo stato attuale delle cose. Così come lo è la cinta degli asteroidi tra Marte e Giove. Non ci è possibile spiegare tutti i misteri, poiché la causa è al di sopra e ci precede e sovrasta, come riportano le antiche cosmogonie. Quest'ultima, volevo dire la causa, esprime se stessa nell'organizzazione e nell'equilibrio visibile e direzionale che noi subiamo e testimoniamo. Tutto questo immenso e coerente movimento, avviene armoniosamente e per il bene dell'intero sistema di cui noi siamo solo una piccola parte. Sarebbe troppo lungo spiegare, come in un'organizzazione tanto perfetta non trovi spazio il caso, così come lo concepisce e lo conosce l'essere umano attuale. Purtroppo i nostri concetti personali limitati ed esclusivamente terrestri, che ci siamo per libera scelta autoimposti, non ci fanno sentire le leggi che ci governano e ci condannano agli esclusivi limiti umani e terrestri di casualità e addirittura di fortuna e sfortuna. Siamo ciechi e sordi, non perché non vediamo e non sentiamo, ma perché non vogliamo vedere e sentire. Da qui a dare la colpa a qualcosa o a qualcuno delle nostre disgrazie corre veramente poco spazio.

Fury - Quando si parla di equilibrio si intende anche equilibrio degli elementi: terra, aria, acqua e fuoco.

Sci - Esatto; è l'armonia degli elementi che crea e permette la vita. I popoli antichi e meno civilizzati di noi, pur non avendo una cultura specifica riguardo questi delicati argomenti, possedevano una sensibilità e un rispetto innati nei confronti di ciò che permetteva loro di vivere. Il rapporto vivente, che univa questi popoli con la terra era tale da formare un'unica cosa, come l'abbraccio di una madre ad un figlio. La terra, era la loro casa e il loro cuore, era la casa della terra. La connessione totale esprimeva l'armonia con l'ambiente che li ospitava. Abbiamo, purtroppo, considerato erroneamente per secoli, primitivi quei popoli che, nella realtà, erano veramente capaci di vedere nei segni della natura e leggere la volontà del cielo semplicemente osservando le stelle e ciò che naturalmente accadeva intorno a loro. Spero con tutto il cuore che queste tradizioni non vadano perse, perché ciò potrebbe significare privare la terra e l'umanità di quella bellezza e quella poesia che sola può colorare la vita degli uomini e alzare la frequenza oltre le semplici preoccupazioni che assillano l'essere umano moderno e civilizzato.

Fury - Da quello che dice, mi par di capire che gli elementi formano il cosmo e nello stesso tempo l'uomo; dunque le leggi sono simili ovunque.

Sci - Gli elementi evidenziano e confermano le corrispondenze tra l'uomo ed il cosmo. Le stesse leggi che osserviamo nella cellula, le possiamo testimoniare nel grande organismo planetario. Così, mentre l'amore unisce gli esseri umani ai mondi, i quattro elementi confermano la materia che andrà a formare ed equilibrare l'universo. Possiamo allora capire la terra, che ci sorregge, l'acqua che ci disseta, l'aria che ci fa respirare, il fuoco che ci scalda ed emoziona. Comprendere le misteriose leggi che governano gli elementi che permettono di vivere ed esistere è veramente ciò che c'è di più importante nella vita di un essere umano. Ma c'è qualcosa, oltre a questo, che volevo sottolineare; così come è possibile capire i quattro elementi è possibile altresì soltanto sentire il misterioso quinto elemento eterico che li tiene insieme e permette il fenomeno vita, che altrimenti andrebbe perduto. Il modo di procedere della natura è misterioso e non è riducibile ad un particolare schema di pensiero. Dobbiamo tentare, con la fede e la passione, di ampliare le nostre vedute. I pianeti, solo per farti un esempio, non potrebbero e non penserebbero mai di spostarsi dalla loro orbita, pena la perdita della necessaria luce solare che permette loro di vivere.

Fury - Che cosa intende per luce?

Sci - La luce rappresenta l'amore che unisce e per questo nessuno vuole perderne il contatto, pur mantenendo la giusta distanza, necessaria a confermare le caratteristiche e il destino di ogni singolo corpo cosmico. In questi immensi movimenti, si può vedere la legge stessa della vita. La moderna astronomia ha studiato i corpi celesti, le distanze e le leggi che li governano, così come la medicina ha studiato il corpo umano nelle varie parti e nelle caratteristiche degli organi. Dal canto loro, gli antichi, oltre a questo, erano interessati anche e soprattutto ai ritmi vitali visibili e invisibili che questi corpi esprimono nelle nei loro movimenti e nelle pulsazioni cicliche; per questo ci è difficile capire la mentalità antica. L'esistenza grande e piccola respira. Noi guardiamo un corpo e cre-

diamo a ciò che vediamo poiché c'è una consistenza che tutti testimoniano. Ci sfugge però, purtroppo, l'essenza di quel corpo che osserviamo solo esteriormente. L'essenza è invisibile e abita il corpo per un periodo stabilito dal tempo del corpo stesso. Quindi l'essenziale non è il corpo che si vede ma ciò che lo vitalizza; gli antichi lo chiamavano: soffio.
FURY - Che cosa c'è dopo la luce?
SCI - La qualità successiva alla luce è il colore. Così come non sarebbe possibile la musica senza l'aria, non esisterebbe il colore senza la luce. La capacità di una superficie di ricevere la luce ne determina la frequenza e quindi il tipo di tonalità corrispondente alla natura della materia che sta ricevendo il flusso luminoso. Tutti gli esseri umani ricevono luce, ma lo specifico grado di illuminazione di un corpo è determinato dal livello di coscienza acquisito. La luce può curare e molto probabilmente nella più alta antichità veniva utilizzata per guarire. La possibilità di riportare un corpo all'armonia che gli è propria dipende dalla consapevolezza del soggetto a ricevere la frequenza di luce di cui ha bisogno. Per effetto della risonanza, se il corpo vibrerà alla luce che gli è necessaria in quel momento il sogget-

to istantaneamente tornerà sano. I miracoli, a mio avviso, sono l'effetto di questo allineamento tra luci a differenti frequenze. La luce non è solo fisica, come oggi la scienza attuale crede, ma è anche e soprattutto metafisica. Le antiche civiltà vedevano di più questo secondo aspetto, poco considerato invece da noi moderni e progrediti. La luce, la vera luce, precede anche il sole, quale stazione cosmica ricevente, che rappresenta con la sua fisicità l'aspetto visibile e il contenitore di questa vera luce originaria. L'animo umano, per affinità è stato sempre attratto dalla luce e dal colore che ne deriva poiché rappresentano la vera essenza di quel fenomeno miracoloso chiamato vita. I colori, la musica, tutto ciò di cui noi possiamo fare esperienza dipendono dalla luce.

FURY - Mi dica che cos'è la luce?

SCI - La luce è amore che unisce.

FURY - Ma la scienza attuale conosce la luce?

SCI - Certo che la conosce, ma non la sente.

FURY - Perché?

SCI - Perché chi non è capace di amare, non può sentire la vera luce. Esistono due tipi di luce. Una è quella della testa e corrisponde all'intelletto; l'altra è la luce del cuore e corrisponde all'amore. Una è lineare e fredda, l'altra è circolare e calda. L'arte, la vera arte e lo scopo della vita è far coesistere le due luci dentro di noi in maniera equilibrata. Lo scopo delle pratiche mistiche, di qualsiasi cultura, anche diverse tra loro è realizzare una siffatta consonanza tra le due luci, simili tra loro, ma a differenti livelli di frequenza.

FURY - Dunque, il ricercatore antico era capace di vedere di più dello studioso moderno.

SCI - Lo studioso moderno ha osservato esclusivamente la materia e ne è rimasto intrappolato. Ti faccio un esempio; la velocità della luce, rientra nei parametri di valutazione umana, ma per vedere qualcosa che supera quella velocità luminosa, bisogna cambiare direzione ed osservare il proprio pensiero. Ciò che rincorriamo e tentiamo di capire, è nella realtà molto vicino a noi: è dentro di noi. Con il pensiero, se voglio, posso essere in questo preciso istante in qualunque luogo della terra e del cosmo e attingervi notizie. Il futuro della scienza sarà proprio quello di osservare velocità e mondi che per ora si possono solo immaginare. È vero ciò che si vede nella misura in cui è reale ciò che non si vede. La materia che noi osserviamo è solo la fase fredda del fuoco primordiale, tra loro però non c'è divisione come spesso si crede. Il flusso è uniforme, ciò che cambia è la frequenza dei livelli e la temperatura. L'effetto è la conseguenza di una causa che ha caratteristiche esclusivamente divine, per questo la materia è da considerarsi sacra. Una scienza che considera vero solo ciò che vede è limitata e pericolosa. Purtroppo, questo nostro mondo attuale è stato concepito e costruito su questa base di illusione.

Fury - Come mai, un uomo come lei, con le sue conoscenze, studia gli antichi?

Sci - Perché ciò che noi studiosi moderni abbiamo scoperto dopo secoli di ricerche, gli antichi già lo conoscevano.

Fury - Come è possibile?

Sci - Per capire bisogna tornare alle origini del mondo e vedere con maggiore consapevolezza ciò che era conosciuto con il nome di tradizione.

Fury - Molte culture antiche considerano il fuoco come l'origine della vita; cosa ne pensa?

Sci - Il fuoco di cui tu parli è il fuoco primordiale ed è l'origine che crea successivamente gli altri elementi, così l'aria e poi l'acqua.

Fury - Quello che dice è stato confermato dalla scienza?

SCI - Ci sono cose nella vita che non è possibile né necessario dimostrare. Ti faccio un esempio. Malgrado noi abbiamo studiato e conosciamo fin nei minimi particolari un occhio umano, non possiamo però capire del tutto il segreto di uno sguardo. L'occhio è materiale e visibile, lo sguardo al contrario appartiene all'invisibile poiché fa parte di quel mondo che non si può capire ma si può solo sentire. Riesci a percepire la differenza che tento di farti notare con questo esempio? Noi studiamo il sole e in parte riusciamo anche a descriverlo; quando però iniziamo a parlare di ciò che misteriosamente emana da quell'astro di luce, la questione si complica. C'è qualcosa nell'universo che supera la capacità umana di capire. Gli antichi dicevano che tutto ebbe inizio intorno ad un fuoco e avevano ragione. Non si preoccupavano di spiegare questo mistero.

FURY - Come mai?

SCI - Perché gli bastava sentirlo dentro di loro. Forse avevano maggiori capacità di emozionarsi di fronte alla grandezza e ai misteri dell'universo. Il fuoco delle origini, come poi ha confermato anche la scienza, si muove ed espande come una spirale ad invadere tutto ciò che è possibile raggiungere poiché previsto dal progetto iniziale. Tutto questo immenso movimento rotatorio, può avvenire perché la vita anela e chiede calore e luce, come il bambino chiede il seno e il latte della madre che lo farà vivere. Non è un caso che quando nasciamo, l'istinto, o se vuoi la memoria, ci porta al petto di nostra madre dove c'è il calore e la vita. Simili gesti superano la capacità umana di intendere e confermano le corrispondenze tra macromondo cosmico e micro mondo umano.

Fury - Che tipo di legge c'è dietro questi immensi movimenti?

Sci - È la legge suprema della vita che da un centro misterioso e inconoscibile, per effetto del suo amore invade ciò che poi diventerà il mondo conosciuto. È il grande cuore dell'universo che continuamente lavora e proietta se stesso in forma di luce, colori, musica e quant'altro l'essere umano può ricevere e percepire in termini emozionali. Restare aperti al messaggio è un atto di responsabilità e rappresenta ciò che di più importante si possa fare specie in un momento critico come quello che stiamo vivendo

Fury - Ho sentito dire che noi proveniamo dall'acqua.

Sci - Non solo proveniamo dall'acqua, noi stessi siamo acqua per almeno il 75%. Ma ricordati, che anche l'acqua, come gli altri elementi, contiene del fuoco, ma in misura inferiore ad esempio rispetto all'aria. La terra, dal canto suo, contiene poco fuoco, un po' più d'aria e molta acqua. Ciò che gioca un ruolo fondamentale, nel grande e nel piccolo equilibrio è il calore e le distanze. Il fuoco centrale ha un calore che noi non possiamo nemmeno immaginare, poiché a quel livello la nostra capacità di intendere è ancora e soltanto immaginata. Nel suo dispiegarsi e allontanarsi centrifugo, l'idea primaria, per effetto stesso del procedere oltre di lei, si raffredda. I diversi mondi in successione armonica ordinata andranno a formarsi in funzione del grado di raffreddamento e verranno informati ai loro rispettivi livelli. La terra, pur avendo poco fuoco, conserva comunque la memoria ignea che sarà in equilibrio con gli altri elementi presenti, nella misura che è propria alla sua specifica caratteristica. Nella fattispecie, la terra, quale pianeta terminale del sistema, pur avendo pochissimo fuoco ne conserva totalmente le qualità originarie ed ha un collegamento mnemonico diretto con il centro primario. Lo stesso mistero si riscontra da noi riguardo l'elemento minerale, dove le pietre pur trovandosi al di sotto del mondo vegetale, conservano comunque un collegamento diretto con il centro da dove tutto ha avuto inizio.

Fury - Perché le pietre sono così amate e ricercate?

Sci - Sono così amate e ricercate dagli esseri umani, ma soprattutto dalle donne per via della loro maggiore sensibilità, perché nelle pietre preziose c'è qualcosa di eterno, che la pietra inscrive su se stessa attraverso delle geometrie perfette, che parlano alla sensibilità e risuonano con l'interiorità. Tali geometrie, sono il frutto del lavoro misterioso del fuoco sulla materia. Dato che anche noi siamo stati segnati da quello stesso fuoco, per via di questa affinità, risuoniamo con le pietre e di fronte a tanta bellezza non possiamo che restare a contemplare. Noi siamo acqua e proveniamo dall'acqua. Il nostro pianeta è anche per la maggior parte acqua. L'acqua proviene da due gas, ma non è un gas. Sono misteri che richiamano l'attenzione. L'acqua per sua natura è ricevente, ma non crea la vita. La vita è sempre creata dal fuoco che emette e per questo è considerato maschile. Quando il fuoco scende si incrocia e diventa acqua. L'elemento liquido farà da nutrice all'elemento fuoco, che così la potrà penetrare ed informare a quel livello oramai liquido. Lo stesso avviene dentro di noi, quando la donna porta il bambino che nascerà all'interno del liquido amniotico. Il fuoco così agendo, si è creato la possibilità di realizzare se stesso ad un livello che non è più il suo. Così come l'unità è costretta a diversificarsi per creare la realtà, il fuoco si sacrifica per creare la vita, poiché limita se stesso alle necessità dei mondi più lontani e freddi che andrà ad informare e formare.

FURY - Questo fuoco di cui lei parla precede anche l'aria?

SCI - Questo fuoco di cui ti parlo è il vuoto; per la precisione è vuoto pieno. Si, non è un paradosso, né un gioco di parole; ripeto ciò che noi scienziati da poco abbiamo scoperto. Il fuoco è il vuoto pieno che precede l'esistenza e la crea. È l'idea vibrante; è il movimento centrale ancora centripeto che più tardi proietta se stesso oltre i suoi apparenti limiti; è il portatore di informazione direzionale, strutturata, strutturante e consapevole. È la forza centrale per eccellenza che organizza e guida l'esistenza malgrado la sua natura indefinibile.

È il centro delle infinite possibilità che più tardi, per effetto della sua stessa amorevole spinta troverà modo di realizzarsi nei rispettivi mondi che andrà ad invadere e creare. Noi lo chiamiamo big ben ma non siamo ancora riusciti a capire come uno scoppio del genere abbia potuto creare così tanta coerenza. Dunque, tornando a noi, l'acqua crea la vita perché è informata dal fuoco attraverso l'aria. Ad essere sincero, ho l'impressione, anzi sono sicuro, che l'acqua avrà un ruolo fondamentale nell'era che stiamo vivendo e in quella che verrà.

Fury - La ringrazio per il tempo che mi ha concesso. Volevo concludere con un'ultima domanda: ho portato una buona bottiglia di vino per festeggiare questo incontro, che ne dice di farci un bicchiere?

Sci - Qui si vede la grandezza dell'essere umano. Ti dirò di più: come la vedi una bella spaghettata vicino al bicchiere di vino?

Fury - È fantastico. Lei è un vero scienziato, perché oltre a capire le leggi del cosmo, ha anche colto il vero senso della vita.

12

Semplici racconti, significati profondi.

*Quando ripenso a mia nonna mi
ricordo il focolare domestico, la terra
dei pastori, il cerchio, l'aiuto, la via
lattea dove ora lei cammina; ed oggi io
ti scrivo, cara amica, perché tu possa
andare verso quel luogo dove stai
andando e che solo tu conosci.*

Gli incontri con i personaggi avevano dato
nuovo impulso e slancio alla personale ricerca
di Fury. Nel frattempo, agli esercizi che lui
oramai praticava quotidianamente, si erano
aggiunte particolari letture riguardo racconti e

leggende, alcune dei quali, in particolar modo, lo segnarono profondamente, soprattutto per la carica emotiva che erano capaci di trasmettere. Fin dall'infanzia, Fury era stato sempre attratto dalle favole e dagli eroi che le popolavano. Egli notò, tra l'altro, che questo particolare modo di trasmissione di un'idea era stato, sin dall'antichità, una delle forme principali di espressione dei popoli di tutte le tradizioni per tramandare fedelmente l'essenza di un concetto. Ciò che un racconto riesce a trasmetterti nei termini che gli sono propri può risultare talmente profondo da predisporti emotivamente alla nuova conoscenza. Inoltre, il fatto stesso che le antiche civiltà avessero adottato un metodo di trascrizione del genere per far conoscere le proprie verità, faceva considerare a Fury seriamente una simile modalità.

Il potere, non solo del racconto, ma anche delle leggende e del mito, persuase i saggi e i maestri di tutti i tempi, ad orientarsi verso un metodo così essenziale e diretto di espressione, che permetteva di raggiungere, non solo la mente, ma soprattutto il cuore di chi leggeva. Loro sapevano che a differenza delle complicate dottrine filosofiche, il racconto, nella sua diretta spontaneità, informava e caricava l'emozione per fissare definitivamente nel centro cardiaco, ciò che gli altri sistemi suggerivano alla testa. La caratteristica principale, consisteva nel restare, malgrado l'apparente semplicità, il più possibile fedele alla verità, escludendo qualsiasi eventuale deviazione arbitraria soggettiva. Ma ciò che veramente lo contraddistingueva, era quel richiamo psichico all'essere, nella sua totalità, estraneo agli altri sistemi che conservavano invece, un carattere più specificatamente e rigorosamente mentale e di esposizione dei fatti. Nel racconto, chi scrive deve conoscere se stesso e avere familiarità con le emozioni che vuole trasmettere. Per cogliere il profondo significato è necessario predisporsi a risuonare alle misteriose frequenze che trasportano. In queste leggende, i personaggi hanno poca importanza; l'essenziale è l'idea invisibile che li muove e che lei vuole ricordare. Per effetto della capacità di creare lo stato d'animo adatto, i racconti sono universali, come i simboli che rappresentano e non sono collocabili, pur restando validi e attuali in qualunque momento. Mentre la storia, con il suo carattere cronologico, è lineare e soggetta al tempo, il racconto è circolare e oltre il tempo poiché, malgrado l'eterno carattere di presenza, comprende contemporaneamente il passato e il futuro in una sorta di continuità senza fine. Chi si espresse utilizzando questo metodo era uno specialista della vita e delle leggi che la governano. Il suo scrivere era il racconto di se stesso, dei contatti con lo spirito e dei traguardi dell'anima, cose naturalmente estranee ai contemporanei scrittori di storia. Nell'essenza, chi scriveva aveva lo scopo di produrre una rottura emozionale e di livello nel cuore di chi leggeva. Una siffatta ascesa di condizione da parte del ricevente avrebbe avuto gli esiti sperati corrispondenti, solo nel caso in cui chi scriveva ne avesse già sperimentati gli effetti.

Il racconto seguente, scelto e rielaborato da Fury, aveva avuto su di lui uno sviluppo soprattutto nei suddetti termini emozionali e il riproporlo gli sembrò quasi un dovere, nella speranza di quel salto di frequenza necessario e richiesto a questo punto della ricerca. Un'entrata definitiva nella dimensione della fiducia, dove è possibile trovare un mondo di infinite probabilità; qualcosa oltre gli inutili limiti imposti dalla mente e che il racconto permette di superare allineandoci alla vera essenza e alla vocazione dell'essere.

Un'opportunità ad avanzare verso l'obiettivo, elevandolo contemporaneamente a dimensioni non più esclusivamente materiali, ma anche di effettiva realizzazione interiore.

13

La fiducia incrollabile realizza l'impossibile.

La fiducia ti riporta alla lotta interna, quella lotta che vale veramente la pena combattere nella vita e che per risultato ha la pace

"Maestro, la supplico, faccia l'ultimo sforzo, siamo vicini alla meta." Il passo a cinquemila metri rende difficile ogni cosa si voglia fare. Per effetto dell'aria rarefatta, a quelle altezze la respirazione è difficoltosa e raggiungere una vetta, specie per chi non è abituato a certi spostamenti in quota, diventa un sacrificio enorme. Quel passo, però, rappresenta la sola e unica via di salvezza e i monaci lo sanno. I militari, alle loro spalle fanno il possibile, anzi l'impossibile per raggiungerli e catturarli. L'unica colpa di quei poveri religiosi è di vivere e pregare in pace a casa loro, ma come spesso accade, questo non è sufficiente a scoraggiare gli invasori. La guerra, che da poco ha investito quel pacifico paese montano, non risparmia neppure loro. È l'ennesima dimostrazione di effettiva bassezza umana che, nel tentativo inutile e sterile di conquista, non esita a schiacciare ingiustamente la dignità dei propri simili. Purtroppo la storia si ripete e chissà ancora per quanto; se lo saranno chiesto anche quei pacifici religiosi che improvvisamente, in un istante, vedevano la loro dimora, la casa, il monastero, andare in pezzi e scomparire per sempre. In un attimo, secoli di storia, di cultura e religiosità vera e sincera, di misticismo, ai limiti del miracoloso, andavano perduti per sempre. Ma come spesso accade è nei momenti difficili che le grandi anime, sorrette da una invisibile fede incrollabile, emergono come per incanto dalle macerie e si rialzano miracolosamente. Le cose e le pietre possono anche essere distrutte, ma la fede e la fiducia nel cuore dell'uomo non può essere scalfita, poiché ciò che appartiene ad un altro mondo non può perire con esso. E di fede questi monaci ne hanno da vendere. Eppure il dubbio, lo sconforto, l'afflizione a volte trova un varco anche dove sembra non avere alcuna possibilità di penetrazione. Per quegli esseri, non è solo una lotta ai limiti della resistenza fisica, cosa che tuttavia gli avrebbe procurato maggiori probabilità di salvezza, ma sono le loro certezze, la loro convinzione interiore, la fede che in un momento del genere viene messa a dura prova. È lei come una corrente invisibile a spingere e convincere il corpo ad avanzare malgrado lo sfinimento e a motivarlo nei momenti di disperazione.

Quando oramai sembrava non esserci più alcuna speranza, per effetto della stanchezza, della fame, del freddo, con l'esercito oramai alle spalle che non dava tregua, all'improvviso, sull'impervio sentiero fiancheggiato da dirupi che facevano paura al solo pensiero di essere percorsi, appariva davanti al gruppo in fuga una bambina con sulle spalle un ragazzo molto grosso, probabilmente, anzi sicuramente, impossibilitato a camminare. I monaci, si fermarono di colpo; non potevano credere ai loro occhi. Quella fanciulla, così piccola, con un peso sulle spalle almeno il doppio del suo, sfidava le leggi della fisica di Newton. Ed era anche da escludere cercare la giustificazione della sua forza nella fede, vista l'età della giovane. Al maestro gli parve come una visione; in quel momento i suoi pensieri andavano da soli e per qualche attimo si dimenticò della stanchezza e della disperazione. Lui, ora, aveva davanti un esempio vivente di ciò che le pratiche mistiche con tanto impegno e dedizione cercano di realizzare in un intera vita di esercizi ascetici.

Nel frattempo, la bambina, di fronte a loro non dava segni di stanchezza, o almeno sembrava. Guardò significativamente negli occhi il maestro immobile di fronte a lei e quasi priva di espressione, lo fissò nel cuore; tutto avveniva in un attimo che sembrava sfidare le leggi del tempo. Le parole del monaco non si fecero attendere e quasi automaticamente la sua voce esordì e disse:" Figlia mia, stai portando un peso troppo grande per te; sarai sicuramente sfinita."

La fanciulla, che nel frattempo non aveva proferito una sola parola, forse perché priva anche della forza di pronunciarsi, rispose:

"Questo che ho sulle mie spalle non è un peso, è mio fratello ed io gli voglio bene." Quell'episodio bastò a segnare la mente dei monaci per il resto della loro vita.

Quegli uomini di fede, quel giorno, passarono il confine e si salvarono miracolosamente, forse perché non incontrarono semplicemente una bambina con un ragazzo sulle spalle, ma sperimentarono che la forza della fede e dell'amore è capace di superare qualsiasi difficoltà e realizzare qualunque cosa. L'evento cui furono testimoni, li caricò della forza necessaria ad andare avanti e gli fece capire che è la fiducia la condizione necessaria e indispensabile perché un miracolo possa avvenire.

L'incontro non casuale, con tutte le caratteristiche tipiche di una coincidenza sincronica, restò nella memoria dei monaci e si arricchì, più tardi, di nuovi significati simbolici ogniqualvolta i monaci lo ricordavano nei loro colloqui.

14

La vera conoscenza, la risonanza

Emozionare il pensiero per realizzarlo

Fury nel frattempo continuava la sua ricerca. Il racconto precedente aveva posto l'accento sull'importanza e la necessità della fiducia quale mezzo per poter raggiungere i nostri obiettivi. Credere in quello che stiamo facendo, avere la certezza assoluta dentro di noi che i nostri desideri si realizzeranno rappresentava una condizione necessaria a cui non si poteva rinunciare. Intanto la pratica e la perseveranza con cui si applicava, lo portavano sempre più all'interno del cuore. Uno degli esercizi preferiti era quello di restare immobile ad occhi aperti o leggermente socchiusi ad osservare il paesaggio. È così che scoprì, un bel giorno, che la natura stessa non è solo viva ma è anche intelligente e propositiva.

Inoltre si rese conto, che queste semplici scoperte avevano una caratteristica precisa: erano difficili da trasmettere. Ed è proprio qui che Fury ebbe l'impressione, che ciò che stava sperimentando, non riguardava solo l'intelletto, così come noi lo conosciamo, ma qualcosa nell'essere umano che gli permette di entrare in comunione particolare con l'oggetto da conoscere, che non è l'intelligenza.

Ebbe la conferma di questa sensazione quando, parlando con altre persone, si sentiva dire di essere stato capito, ma notava che nella realtà, chi riceveva il messaggio, rimaneva indifferente in termini emotivi. In breve, si accorse che mancava l'emozione, quella capacità non mentale, ma psichica, presente in tutti gli esseri umani e addirittura riconosciuta persino negli animali, non poteva restare ignorata. Questa facoltà dilatante e irradiante, che non si può spiegare razionalmente ma che può essere sentita, sembrava avere una propria vita, un proprio linguaggio, una propria capacità espressiva non verbale con caratteristiche di ricettività che l'intelletto cerebrale non può raggiungere. È quella che nei racconti e nelle leggende è sottolineata come l'intelligenza del cuore, le cui caratteristiche visibili sono: amore disinteressato, fratellanza, altruismo, capacità di immedesimarsi, intuizione delle cause. Questo genere di comprensione psichica, ha capacità di ricezione e di sintesi, è ispirata e ispirante e all'estremo può diventare visionaria. È un po' come le donne riguardo la capacità di cogliere l'attimo e capire chi hanno davanti. Per questo è passiva, neutra e ricettivamente femminile, cosa che le permette di sentire oltre il pensiero. A differenza della testa, l'intelligenza del cuore non è emissiva e si realizza quando si lascia aspirare, o si annulla a favore di ciò che vuole conoscere. È un processo all'inverso, rispetto alla conoscenza come la intende l'intelletto. Non siamo noi ad andare verso l'oggetto, ma è lui a raggiungerci per effetto di una nostra apertura magnetica. Non è nemmeno una tecnica o una strategia da imparare, è piuttosto un'emissione di risonanza, un'empatia tra noi e ciò che vogliamo conoscere. Scendere dalla mente al cuore realizza la felicità e i propositi dell'essere in maniera istantanea, inaspettata e definitiva.

Alla luce di queste nuove scoperte, Fury si chiede ancora come mai l'uomo, nella sua lunga storia, si fosse fatto sfuggire questa semplice evidenza. Dalla nuova prospettiva, lui ora poteva notare, come le varie ere o fasi della storia umana, non erano altro che l'effetto esterno di ciò che l'uomo si era portato dentro; così, per esempio, se in un particolare periodo, l'umanità e l'individuo, avessero dato risalto alle facoltà del cuore e alle caratteristiche corrispondenti, avrebbero creato inevitabilmente all'esterno un'esistenza più poetica, creativa e meno preoccupata ad accumulare inutilmente beni materiali e cose inutili. Al contrario, una maggiore attenzione alle facoltà della testa, come avveniva oggi nella nostra epoca, avrebbe portato l'uomo ad un progresso orizzontale, con caratteristiche pressoché esclusivamente materiali.

15

La voce del cuore

*Il cuore è uno specchio
con due porte*

C'è qualcosa
C'è qualcuno che non smette mai di parlarti
C'è qualcosa che non smette mai di insegnarti
La sua voce è un sussurro, il suo tocco è una
carezza, il suo messaggio è calore
Il vento lo trasporta, l'acqua lo fa penetrare, il
sole lo fa evaporare, la terra lo nutre
Ti insegna senza parlare, ti raggiunge malgra-
do tu sia lontano.

È frescura quando sei caldo, è calore quando
sei freddo
La sua voce è nascosta tra i rumori, il suo can-
to è quello del vento tra gli alberi
Si esprime nei colori si muove nel cerchio
Qualcuno lo crede un mistero e tenta di stu-
diarlo ma per vederlo devi avvicinarti
Quando cadi tende la mano, quando tutti se ne
vanno lui arriva
Quando sei solo ti abbraccia
C'è qualcosa, c'è qualcosa che non smette mai
di parlarti
C'è qualcosa che non smette mai di insegnarti
È qualcosa che ti vuole bene.

Nel silenzio del cuore, Fury sperimentava
sempre più una sensazione viva e vibrante, che
lo riportava a contatto con una misteriosa voce
interna. Lui aveva sentito spesso parlare nei
racconti e nelle leggende di questo strano fenomeno, ma solo ora iniziava ad averne
l'effettiva esperienza. Qualcosa che viene direttamente dall'interno e non più dall'esterno
era naturalmente una conoscenza nuova per
lui, abituato alla semplice connessione col
mondo solo attraverso i suoi sensi.
Fino ad allora la realtà esterna era stata il solo

e unico campo di ricerca; ma ora il cambiamento, anzi il capovolgimento. Una voce di sottofondo si fa spazio nella mente dell'uomo e gli apre nuove prospettive e possibilità di ricerca. Fury non riesce a vedere con chiarezza, è confuso; non sa se l'origine del mistero sia ancora nella testa o da qualche altra parte. Nella sua ingenua speculazione immagina che abbia a che fare con una memoria antica, qualcosa cioè che non si perde nel tempo, ma che ci segue e c'informa ovunque noi siamo nonostante la nostra inconsapevolezza. Qualcosa senza inizio e senza fine, che è oltre la semplice e ordinaria esistenza materiale, ma che ha sempre bisogno di noi quando vuole informarci ed informare questo mondo.

Questa voce interna sottile e delicata non costringe ma chiede solo di essere di tanto in tanto ascoltata. Ha molto da dirci; ha sapienza e una conoscenza di tipo circolare. La sua è una saggezza di altri tempi; non condizionata né condizionante, non ci vuole speciali né particolari, desidera solo riportarci a vedere chi siamo veramente oltre il pensiero di chi crediamo di essere. Il contatto con la misteriosa voce non avviene senza conseguenze. Al suo cospetto le infrastrutture vacillano, tutto diviene instabile, non siamo più al sicuro e per di più, tutto ciò che credevamo essere vero e reale in un attimo non lo è più. Di fronte a lei siamo soli e nudi, ma dopo un primo momento d'apparente difficoltà ci riassestiamo e troviamo una pace oltre le parole che potrebbero esprimere questo concetto.

È come vedere con nuovi occhi ciò che è sempre stato e sempre sarà; è come venire a contatto con un presente non filtrato. Non si tratta di una filosofia e di una religione come qualcuno potrebbe pensare, è piuttosto e semplicemente la presenza che l'uomo dà a se stesso; ma quando siamo lì, in realtà, avviene ancora qualcosa di inaspettato: l'uomo perdona a se stesso e agli altri tutto ciò che fino ad allora aveva condannato. Non si capisce bene come questo possa avvenire, ma in quel punto preciso alcune certezze subiscono un capovolgimento e tutto torna al naturale equilibrio vitale.

Non è facile descrivere il fenomeno, non tanto perché mancano le parole quanto perché certi stati d'animo superano qualsiasi vano tentativo di fredda verbalizzazione. Non è nemmeno qualcosa che si può studiare o imparare in biblioteca, è piuttosto un'esperienza, uno stare

con se stessi e bastarsi; è l'ascolto del silenzio
che ci parla in mezzo alle tante voci che non ci
conoscono e pretendono da noi ruoli che non
ci appartengono.
Il successivo viaggio, nella magica Scozia
avrebbe risolto l'enigma, confermando
l'esistenza della voce e potenziandone il potere
di ascolto.

16

Un viaggio in Scozia

Io ti parlo quando il tuo occhio vede
Io ti seguo quando pensi di essere sola
Io ti sfioro quando ti senti persa
Io arrivo da quattro direzioni
Io ti porto le Pietre Sacre
Io ti porto un messaggio da lontano
Io ti porto me stesso, perché è l'unica
cosa che ho
In verità quando ti scrivo io non sono

È incredibile come l'esistenza ci segua anche a nostra insaputa e si predisponga a favorirci nei propositi più intimi. Se per un attimo ci fermiamo, ma dobbiamo fermarci, ed osserviamo ciò che avviene intorno a noi e dentro di noi, si potrebbero vedere i disegni e le linee geometriche che delineano e favoriscono la realizzazione delle intenzioni che continuamente proiettiamo con i nostri pensieri e i nostri movimenti.

Dopo gli incontri e le esperienze avute, Fury iniziava ad avere la vaga sensazione che dietro la maggior parte degli eventi che ci accadono nella vita c'è un piano prestabilito con un preciso disegno ed orientamento per ognuno. Nel frattempo, l'esperienza della misteriosa voce interna lo convinceva sempre più che questo colossale e coerente disegno cosmico non poteva e non doveva essere predeterminato ed esclusivamente meccanico. In verità noi esseri umani saremmo stati i principali protagonisti nella realizzazione del destino poiché creati liberi di decidere responsabilmente la nostra sorte e quella della terra in cui vivevamo. Questi particolari incontri, insieme a specifiche letture, avrebbero aperto a Fury nuove prospettive su argomenti che ora sembravano essere improvvisamente diventati determinanti nella sua vita.

Un viaggio non programmato in Scozia, nella terra degli antichi eroi e delle mitiche epopee e l'incontro con un anziano e strano personaggio, lo portava ad avvicinarsi a qualcosa di nuovo dentro di lui e confermava la nuova scoperta riguardo al mistero della voce udita come qualcosa di reale e non semplicemente immaginato. Il misterioso Druido, così era chiamato, lo stava aspettando e rappresentava un altro particolare incontro che il destino gli riservava. L'uomo sembrava corrispondere perfettamente alla descrizione dell'amico che lo aveva messo in contatto con l'anziano saggio dai capelli bianchi, ma con il cuore e la spontaneità di un bambino.

Superate le nuvole, con un leggero colpo di ali, l'aereo virando si allineava alla pista e dall'oblò il paesaggio si faceva più chiaro e delineato. Il verde predominava e qualcosa muoveva l'emozione dell'osservatore al suo primo viaggio in terra straniera. Fury era in Scozia, nella misteriosa terra delle saghe, della musica e della buona birra.

Fury - La sua presenza emana ed esprime qualcosa di inspiegabile ed invisibile; mi perdoni, ma nei suoi occhi si vede una strana luce e un alone magnetico le avvolge il corpo.

Anziano - Che cosa intendi per magnetismo?

Fury - È una proprietà attrattiva.

Anziano - Quella è una legge fisica. Devi sapere che, come tutte le leggi osservabili nel mondo, anche il magnetismo è dentro di noi. Esistono tre tipi di magnetismo: uno è fisico e lo puoi vedere più o meno iscritto sui volti delle persone. Poi c'è un magnetismo intellettuale che è proprietà della mente. Infine c'è un magnetismo spirituale, che risulta invisibile ad una osservazione superficiale, ma comunque sempre presente.

Fury - Qual è il più importante?

Anziano - Il magnetismo fisico riguarda l'incarnazione attuale e non si può cambiare. Il magnetismo intellettuale lo si acquisisce con un lavoro su quel centro. Il magnetismo spirituale favorisce l'evoluzione del soggetto ed è la maggiore responsabilità che un essere umano ha nei confronti di se stesso e dell'esistenza.

Fury - Cosa intende per evoluzione?

Anziano - L'evoluzione è la legge fondamentale della vita e del cosmo. Esistono due tipi di evoluzione; una orizzontale, l'altra verticale.

Quella orizzontale è orientata verso le cose ed è quella per cui gli uomini tanto si accaniscono. Quella verticale è la vera evoluzione ed è per pochi coraggiosi.

Fury - Qual è la differenza essenziale tra le due?

Anziano - Impara a restare in silenzio per un po' di tempo e la voce dentro di te ti darà la risposta; è con l'ascolto che si raggiunge la saggezza e non parlando ed emettendo inutili sentenze.

Ho saputo che sei alla ricerca della ricchezza e della felicità.

Fury - Chi glielo ha detto?

Anziano - Il tuo corpo parla più della tua lingua. Spero che tu sappia almeno quale tipo di ricchezza vuoi raggiungere.

Fury - Perché ne esistono di vari tipi?

Anziano - Sei un po' confuso ragazzo. Dovresti almeno conoscere la differenza tra piacere e felicità vera. Uno riguarda le cose, l'altra l'essere. La vera felicità proviene dall'anima e quando l'hai trovata invade il corpo. Il piacere dipende dall'ego e non può realizzarsi poiché per sua stessa natura è impossibile accontentare l'ego. L'ego è come un pozzo senza fondo; qualora gli dessi tutto il mondo, non sarebbe contento. All'ego manca continuamente qualcosa; è sempre proiettato alla futura acquisizione possibile e perde la magia dell'attimo presente. Se solo per un istante, l'essere umano fosse presente a se stesso, vedrebbe questo film dell'orrore. A quel punto non ci sarebbe più bisogno nemmeno di andare al cinema.

Fury - Come mai l'essere umano non ha combattuto contro questo ego, che lei considera come l'origine di tutti i mali?

Anziano - L'uomo ha tentato di combattere contro l'ego, ma ha sempre perso.

Fury - Perché?

Anziano - Perché? È semplice; perché se vai a combattere l'ego dove lui domina, finirai per morire. Sì, molti hanno provato e non sono tornati. Non voglio sembrarti esagerato, ma volevo dirti che non è possibile combattere una forza simile nel suo stesso territorio.

Fury - Che cosa bisogna fare, allora?

Anziano - Bisogna salire; salire e accettare. L'ego, nel bene e nel male è comunque parte di noi ed è un'energia che va integrata. Io, da parte mia, ho provato a far pace con il mio ego. Quando fai pace con il tuo ego, fai pace con il nucleo centrale di te stesso, poiché anche l'ego è nel tuo nucleo e ti ritrovi in pace con il mondo.

Fury - Come si fa?

Anziano – Si va dentro di noi e si vede cosa c'è. Quando vedrai il tuo ego, avrai la sensazione di vedere, malgrado tutto, l'unità, la tua unità, dove anche lui è compreso.

Fury - Perché è così importante vedere il proprio ego?

Anziano - È importante vedere il nostro ego, poiché guardandolo scopriamo di non essere lui. Osservandoci consapevolmente, perdiamo l'identificazione e ci diamo la possibilità di scoprire ciò che veramente siamo oltre le apparenze che l'ego vorrebbe farci credere. L'osservazione di se stessi presuppone un grande coraggio da parte di chi si avvia su questo sentiero e la ricompensa, che se ne ricava in termini di felicità, supera qualsiasi tipo di piacere di ordine mondano.

Fury - Lei dice che l'ego è dentro di noi, allora perché è così difficile riconoscerlo?

Anziano - È difficile riconoscere l'ego, perché lui vede solo ed esclusivamente gli altri ego e non vede se stesso, per questo critica sempre.

Fury - Voglio anch'io provare a conoscere il mio ego.

Anziano - Se un giorno avrai la capacità e il coraggio di incontrare il tuo ego, non ci sarà più bisogno di criticare i tuoi simili, poiché tutto ciò che fino ad allora vedevi in loro, in termini di difetti, improvvisamente li vedrai in te. Smettendo di criticare il prossimo, eviterai questa inutile e pericolosa risonanza e avrai più tempo per essere propositivo e costruttivo.

Fury - Lei ha detto che l'ego è l'origine di tutte le disgrazie, è dunque anche l'origine delle guerre?

Anziano - Quando l'ego fa una guerra non si fa vedere. Avrà mille giustificazioni riguardo quel conflitto e, mentre attaccherà per conquistare, si atteggerà vittima da compatire. Per come la vedo io, la guerra è l'ego di un popolo, che attacca il presunto ego di un altro intero popolo. Naturalmente tutto questo è un illusione, poiché da simili conflitti, non escono vincitori, sono tutti perdenti.

Fury - Mi scusi, ma le guerre non sono anche il frutto dell'ignoranza e della paura repressa?

Anziano - Ignoranza, mi sembra, che venga dal verbo ignorare, e ignorare significa non conoscere. Se noi non ci conosciamo, continuiamo a ripetere gli stessi atteggiamenti che non ci hanno fatto vivere in pace. La paura e l'ignoranza di cui tu parli, sono anche loro figlie dell'ego.

Fury - Come mai lei parla di ignoranza in un'era in cui studiano quasi tutti?

Anziano - Figlio mio, devi capire che l'ignorante non è colui che non ha frequentato scuole; ignorante è chi crede di conoscere. Quando sei sicuro di sapere, in realtà, blocchi la tua evoluzione, poiché pensi di essere arrivato là dove gli altri non arriveranno mai. Questo orgoglio ti acceca al punto tale da farti perdere l'obiettivo e lo scopo della tua vita. Anche un sapere del genere e una conoscenza artificiale così acquisita sono figli dell'ego.

Fury - Qual è la cosa più importante nella vita?

Anziano - Ascoltami, ragazzo; non so perché mi fai simili domande, ma sappi che ciò che mi chiedi è molto importante, forse molto di più di quanto tu creda. Hai fatto molta strada per raggiungermi e quindi ti risponderò, ma ricordati, non fare di ciò che ti dico una teoria o un'inutile filosofia scollegata dalla realtà. Se vuoi una risposta filosofica rivolgiti ad un teologo e se hai problemi consulta uno psicologo. Io sono molto pratico e concreto. Ciò che ti dico l'ho prima di tutto realizzato nella mia vita, per questo mi permetto di suggerirtelo. Ora, mi chiedi qual è la cosa più importante della vita. Si sono scritti migliaia di libri su un argomento simile e molto ancora si scriverà. Per quanto riguarda il mio punto di vista, ti posso dire che nella vita è importante tutto ciò che resta con noi, nell'interiorità del soggetto, malgrado i tempi del corpo biologico. Se qualcosa creato da noi volontariamente resta anche dopo che non ci saremo più, allora quello è importante, non tanto perché noi lo reputiamo tale quanto perché l'esistenza in qualche maniera misteriosa lo conserverà. In questo modo noi segniamo e creiamo, per così dire, l'esistenza e il mondo in cui viviamo. Anche il cosmo, per certi versi e per effetto di questa legge, dipende dall'essere umano. Capisci quello che voglio dire?

Fury - Lei ha degli strumenti musicali; lì vedo un violino ed una cornamusa; fin da piccolo ho sempre sognato suonare uno strumento musicale. Lei studia musica?

Anziano - No, non studio musica, la suono.

Fury - Come fa senza una base tecnica?

Anziano - Mi metto in ascolto e questa ispirazione la traduco in musica.

Fury - Cosa ascolta?

Anziano - Ascolto il silenzio.

Fury - Che cos'è il silenzio?

Anziano - È l'inizio di tutto; è il vuoto dove abita anche lo spirito. Il silenzio è la base del suono, così come l'immobilità lo è per il movimento. Se non ci fosse il silenzio non potremmo avere l'esperienza della musica. La musica viene dopo il silenzio e rappresenta la seconda creazione, quella che ha messo in moto la ruota della vita. Sono cose che non è possibile spiegare e qualora lo si facesse, si ridurrebbero ai livelli limitati del linguaggio espressivo. Subito dopo il silenzio c'è il movimento, il battito del cuore, la vita; non il nostro, ma quello di nostra madre. Noi siamo fuoco, ma proveniamo dalla terra, attraverso nostra madre che si sacrifica e predispone il corpo, base necessaria per penetrare nell'anello contenitore dello zodiaco. Entrando in questo mondo, sperimentiamo il doppio o la polarità ed iniziamo a respirare. Così come un soffio ci dà la vita, con il primo inspiro iniziamo ad esistere in questa particolare dimensione. Con un po' d'attenzione, in questa ritmica è anche possibile vedere una sequenza numerica.

Fury - Da un po' di tempo mi succede di sentire una voce di sottofondo nella mia mente. Ho cominciato ad avere questa esperienza da quando vivo a contatto con la natura e mi esercito nella respirazione e nell'immobilità.

Anziano - Stai sperimentando anche tu il silenzio di cui ti dicevo. È lo spazio in mezzo alla moltitudine di voci che senza sosta ci parlano e creano confusione. Tutte queste presunte voci sono scollegate alla vera essenza e collegate alla mente pensante e tutte pretendono di avere ragione. Al contrario, la voce primaria o voce del cuore, è la vera voce ed è silenziosa, armoniosa ed è in contatto con il nostro nucleo centrale, dove vive il programma della memoria ancestrale. Per vedere la nostra voce primaria, bisogna superare le tante voci di superficie dentro di noi che bloccano la nostra creatività, perché reagiscono con uno schema predeterminato che non ci appartiene. Creando lo spazio sacro alla voce originaria, ci connettiamo con la potenza della creazione e diveniamo noi stessi autori con lei. Ascoltare la voce primaria, significa ascoltare lo spirito e permettergli tramite noi di realizzarsi nel nostro mondo. Non sono le voci ad avere potere su di noi, siamo noi a determinare o meno il loro potere sulle nostre decisioni attraverso un atto di volontà. Entrare in contatto con la voce primaria significa penetrare nella profondità del nostro essere e ritrovare l'accordo perduto, la nota misteriosa.

Cos'hai, ragazzo?

Fury - Mi perdoni, ma mi sono emozionato. Era un po' di tempo che cercavo di capire alcune cose ed ora mentre lei mi parla improvvisamente sembra che tutto si chiarisca e ogni cosa trovi la sua naturale collocazione. Iniziai con un semplice esercizio, non molto tempo fa, nella disperata ricerca di non so nemmeno io cosa, per ritrovarmi inaspettatamente nella dimensione che ora lei mi sta esponendo con semplicità e naturale spontaneità. In questo momento, lei per me è come uno specchio dove posso vedermi per quello che veramente sono; non so se è dovuto al caso o a qualche coincidenza particolare, ma il nostro incontro arriva al momento giusto.

Anziano - Nulla avviene a caso. Se ora sei qui, è perché alcune linee dovevano chiudersi e realizzare uno specifico disegno geometrico invisibile, necessario alla totalità dell'esistenza. Dietro i nostro desideri e le nostre aspirazioni, si nasconde un ritmo segreto che crea le misteriose linee del destino di ognuno di noi; è così che si realizzano i sogni degli esseri umani e quelli di chi ci ha creato.

Venendo al mondo, noi siamo stati scelti e la creatività è il dono da riscoprire, che allinea le caratteristiche personali alla più vasta provvidenza universale.

Fury - Cos'è per lei la creatività?

Anziano - La creatività è il coraggio di arrivare al proprio nucleo centrale ed ascoltare la nota peculiare che risuona in quel luogo intimo e segreto. Quella nota comprende anche il bene e il male, aspetti necessari a creare la vita.

Fury - Ma a noi hanno sempre insegnato che il male va evitato.

Anziano- Il male non va evitato, va integrato. È lui la grande energia che si può utilizzare per un fine superiore. Dovremmo imparare a coesistere e far pace con i demoni dentro e fuori di noi. Non è facile ma è possibile e soprattutto è necessario. La nostra cultura ha una comprensione naturale e spontanea di questi fenomeni. Per noi la natura è un luogo popolato da divinità; Lug è il dio della luce, Anu è la dea della terra e della fecondità. Queste entità rendono vivo il mondo in cui viviamo e non ci fanno sentire soli. Noi riconosciamo tre livelli; uno sotterraneo abitato dai Tuatha de Danaan, uno intermedio, dove siamo noi, ed uno divino, più in alto dove ha sede l'immaginazione creatrice. Questi mondi non sono separati e nemmeno in competizione, ma allineati e coerenti con le naturali gerarchie dei rispettivi livelli che occupano. La loro armonia esprime un ritmo universale che l'essere umano, se vuole, può sentire e riconoscere nel proprio battito individuale. L'invisibile è con noi ed è legato a dei luoghi e a delle circostanze specifiche poiché connesso a particolari momenti che qui sulla terra risuonano con l'universo.

Se i Tuatha De Danann, come ti dicevo prima, sono nel mondo sotterraneo non significa che sono negativi. Nella realtà, loro eseguono un lavoro importante per il bene di tutto il sistema. Tu sai che in un corpo umano l'intestino non è meno importante dei polmoni o della testa solo perché si trova più in basso. Gli opposti apparentemente contrari, in realtà lavorano per l'unico scopo; sono le parti necessarie di un meccanismo cosmico ritmicamente perfetto. Noi la conosciamo come l'oscillazione della bilancia che crea i presupposti della vita.

Nella vostra così detta cultura moderna, che pretende di essere la più avanzata non avete riconosciuto l'aspetto sotterraneo dell'esistenza poiché considerato pericoloso. Per arrivare alla luce è necessario attraversare e accettare anche il buio in quanto è lui con le sue fredde caratteristiche a spingerci verso i mondi della luminosità .

Fury - Mi scusi, ma mi sembra di vedere del Panteismo in quello che dice.

Anziano - No, non è così. Voi avete frainteso e creduto che noi stessimo adorando cose che nella realtà erano solo il simbolo di quelle superiori che rappresentavano. Quello che ti dico ha fatto parte per millenni e lo farà anche in futuro di un retaggio e un istinto spirituale spontaneo che l'uomo si porta dentro e che non è possibile cancellare. Noi amiamo la natura e i luoghi che ci hanno visto nascere, perché prima di noi, questi luoghi hanno accudito e visto i nostri antenati e ancora prima, gli dei da dove noi proveniamo. Voi, purtroppo, avete relegato al mito e alla leggenda questo antico sapere e vi siete condannati ad una vita priva di poesia e magia. Non avete il diritto di considerarci pagani, solo perché veneriamo nostra sorella luna e contempliamo la luce e la forza vitale di nostro padre sole. Il peggior peccato dell'uomo moderno e civilizzato, è quello di non essere più capace di sentire e contemplare la natura che lo circonda. Mi dispiace, ti posso parlare per ore di un mondo che per me è popolato di entità invisibili, ma se tu non sei capace di sentire dentro e fuori di te queste presenze, non posso aiutarti e nemmeno convincerti.

Fury - Ma io la capisco.

Anziano - Certo che capisci, ma non senti. Sentire è diverso da capire. La tua testa capisce, il tuo corpo sente. Riesci a vedere la differenza? Sai quanto sono importanti per noi i racconti e le saghe che la tradizione ci ha tramandato? Conosci la leggenda dei boschi? Per secoli abbiamo attinto da queste magiche fonti universali. La nostra ispirazione viene da loro. Sai cos'è un albero?

Fury - Sì, è legno.

Anziano - Certo, è quello che ti hanno insegnato a scuola, ma c'è qualcos'altro che devi sapere che riguarda la sensibilità e che forse nessuno ti ha mai fatto notare. La natura è rivelatrice e parla a chi sa ascoltare. Io spesso ho conversato con lei. Nelle albe di luce ho salutato, nei tramonti di fuoco ho ringraziato, così come era insegnato nell'antica tradizione, nel rispetto delle direzioni sacre. Sono gesti spontanei che seguono ritmi naturali, in accordo al coerente fluire universale. Con l'intelligenza e con il cuore, ma soprattutto con l'amore che unisce tutti gli universi, dalla più piccola cellula alla più lontana galassia, ho sentito il mio battito e qualche volta lo ho sintonizzato a quello della nostra madre terra.

Tu hai giustamente detto che l'albero è legno, saprai anche che ogni tipo di albero è un tipo diverso di legno con caratteristiche proprie specifiche. L'albero ha dei rami dove crescono le foglie, i fiori e i frutti. Alla base ci sono le radici, che lo fissano alla terra e gli danno stabilità. L'altezza e le sue dimensioni circolari sono in stretta relazione con l'espandersi e la penetrazione nella terra che gli assicurano l'ancoraggio. Ciò che non sai è che, oltre a questo, l'albero è anche un intermediario tra la terra e il cielo e simbolizza sia la stabilità, che la proiezione verticale. Lui sta fermo, però cresce, quindi è vivo. La terra è sua madre, poiché l'alimenta. Ti sembra strano? A me no. Non so cosa stai pensando, ma per noi è naturale ragionare in questo modo. Come tutti i bambini della terra hanno un padre e una madre, anche l'albero li ha.

Sai chi è il padre dell'albero?

Fury - No.

Anziano - È il sole, che lo alimenta dall'alto con una sostanza più sottile di quella che proviene dal basso, dalla madre terra. Io vedo questo e forse ho il diritto di dirlo, anche se può sembrarti strano o inventato. Ma c'è ancora qualcosa, visto che ci siamo, che volevo dire. Molti osservano l'albero e vedono il tronco e poi le foglie e ancora i frutti se ci sono. Io vedo, anzi sento, oltre al tronco, anche l'energia che lo attraversa dall'alto in basso e dal basso in alto. E lo vedo non perché l'ho studiato sui libri, ma perché mi sono esercitato a stare con loro e a sentirli; non è facile, ma è possibile. Se vuoi bene ad un albero, puoi sentirlo, se lo studi soltanto, lo conoscerai, ma non arriverai alla stessa comprensione.

Sai perché uno studioso non sente un albero?

Fury - Perché?

Anziano- Perché non sente se stesso. Affinché la risonanza avvenga, c'è bisogno di due termini o cose che viaggiano alla stessa frequenza e creano l'unità. Quindi non sto dicendo che uno studioso di botanica non capisce. Di sicuro, dopo i suoi studi saprà molto su quell'argomento, ma la sua conoscenza resterà comunque parziale. L'essere umano, che è capace di sentire, avrà maggiori possibilità dello studioso in termini di emozioni e la scoperta che farà sarà completa, poiché avrà dentro di sé la pienezza che la natura tenta continuamente di trasmettergli. Non è dunque una polemica che volevo fare, ma piuttosto mettere in evidenza i limiti di una cosa e le possibilità dell'altra.

Fury - Cos'è in realtà un albero?

Anziano - L'albero è luce solare condensata alla sua particolare, specifica, situazione vivente attuale. Gli alberi, sicuramente esistono ad altri livelli, superiori a quelli terrestri e avranno allora un'altra consistenza, corrispondente alla condizione in cui si trovano. Se lo sai leggere l'albero può insegnarti molto. Restagli accanto e attendi con fiducia il suo messaggio. Pensa alle radici e al lavoro sotterraneo e silenzioso che fanno, loro rappresentano l'essenza ed hanno la capacità di captare le sostanze necessarie alla vita della pianta. Ti sei mai domandato chi dice alle radici cosa prendere e cosa scartare dalla terra perché non utile alla crescita? Se credi di sapere, perderai la capacità di meravigliarti e darai per scontato questi fenomeni naturali che nascondono qualcosa di miracoloso. Le radici dell'albero sanno cosa prendere dalla terra che le alimenta, perché hanno una memoria che qualcuno ha inscritto su di loro. Come il bambino va verso la madre e il padre, così l'albero, per una ragione sconosciuta a noi, ma presente in lui, si dirige contemporaneamente verso la madre terra, in basso e verso il padre sole, in alto. È la vita ed è un mistero, quello stesso mistero da dove ha avuto inizio la nostra facoltà di intendere e capire. Il mistero, però, precede questa facoltà, per ciò non ci è possibile raggiungerlo; comunque sia, lo sentiamo perché vive in noi, per la ragione stessa che ne stiamo parlando. L'albero è energia ed è anche fuoco e acqua. Se si brucia della legna, si vedrà il fuoco. Ma bisogna bruciarla, altrimenti il fuoco non si vede. Noi crediamo a ciò che vediamo e non riusciamo ad andare oltre; per questo l'occidente materialista ha ridotto la realtà alla sua limitata illusione e poi ha detto che quella realtà era la verità. Così la scienza si è trovata un giorno, di recente, a dover cambiare tutto quello che fino a quel momento aveva dato per vero. Siamo fatti così. Qualcuno dice qualcosa, magari anche in buona fede e tutti lo seguono. Ora si capisce perché l'antichità non conosceva lo scienziato così come lo conosciamo noi oggi. Lo scienziato antico era nello stesso tempo religioso e il religioso, a sua volta, era scienziato; non c'era differenza. A prima vista sembra un gioco di parole ma è necessario ricordarlo, nel nostro tempo così progredito, per farti capire che le inutili differenziazioni non erano conosciute dalla tradizione e arrivarono soltanto dopo. Così come anticamente non esisteva il medico come lo intendiamo oggi, la figura dello scienziato era allo stesso tempo anche quella del religioso o per la precisione del mistico. Ci sono differenze enormi e sostanziali tra uno scienziato, che studia la materia con distacco e freddezza e un uomo di fede, che capisce ciò che studia con tutto il suo essere.

Fury - Quali sono?

Anziano - Mentre lo scienziato studia, il mistico vede, poiché osserva dal suo interno. Lo scienziato capisce, il mistico sente, perché ascolta il suo ritmo. Lo studioso di oggi è staccato dalla realtà che tenta di capire. Il mistico è un tutt'uno con la realtà che lui ama. Sì, bisogna amare per capire; è quella la vera conoscenza e l'oro della vita, non lo dimenticare. La scienza moderna capisce e tenta, con innumerevoli sacrifici di appropriarsi di ciò che non è possibile conquistare. È inutile, sterile e infantile, cercare di conquistare e controllare la realtà; la realtà chiede di essere vissuta e non controllata o peggio ancora conquistata. Nell'economia cosmica non esiste il mio e il tuo. Queste sono creazioni umane che hanno causato disgrazie e sofferenze; così facendo, continuiamo a ripetere il passato. Senza costringere si potrebbe, secondo me, con la fede e la volontà, tentare di superare lo stallo che stiamo vivendo in questo momento.

Fury - Non avevo mai sentito una descrizione simile su un albero. Me lo lasci dire: la sua non è conoscenza è esperienza.

Anziano - Ci sarebbe ancora qualcosa di importante sul significato simbolico di un albero.

Fury - Mi dica.

Anziano - Prima ti ho parlato delle radici e ti ho detto che si dirigono verso la terra, la madre terra. Ho parlato anche dei rami, che al contrario, vanno verso l'alto, verso il sole, il padre sole. Se ora fai un po' d'attenzione, potresti vedere nell'albero alcuni similitudini con la tua ricerca della prosperità e della felicità. Osserva la sua crescita e vedi cosa ti trasmette. Un albero, per sua stessa natura, non potrebbe andare solo verso il basso. Come nell'uomo, anche nella sua crescita ci sono un'armonia e una proporzione interna misteriosa, che lui segue e che riguarda le due direzioni opposte, ma necessarie. Gli esseri umani, che evolvono esclusivamente verso il basso, sono interessati solo alle acquisizioni di tipo materiale; al contrario, il religioso o il mistico, che ricerca l'eterno, si dirige verso l'alto, simbolicamente verso il sole della sua anima. In questo semplice salire e scendere si possono vedere, se fai un po' d'attenzione, gli eterni movimenti che l'uomo e la natura compiono nella loro esistenza. Sono sempre e comunque tentativi di acquisizione, ma fatti a livelli diversi. Chi va verso il basso tenta la conquista del materiale, poiché è ciò che più lo interessa e che corrisponde al suo livello e all'aspirazione del momento. Al contrario, chi farà il tentativo di verticalizzare il percorso di vita a favore d'acquisizioni di tipo più sottile, andrà verso l'alto. L'albero, dal canto suo, pur restando fermo, va nello stesso tempo verso il basso per prendere i necessari minerali della terra e verso l'alto, per captare la più sottile luce solare. La corrispondenza che sto facendo, si fa ancora più interessante se si considera che, mentre l'albero non ha scelta, ossia è costretto a quei movimenti naturali perché inscritti nel suo progetto, l'essere umano è libero di scegliere la direzione della sua vita. Volevo dirti che, mentre l'uomo ha un'intelligenza e può in ogni istante dell'esistenza, decidere coscientemente di cambiare la direzione, l'albero sarà costretto, per forza di cose, a rispettare la memoria inscritta nel potenziale seme di vegetale. Trovare l'equilibrio tra le due direzioni, l'una ascendente e l'altra discendente, potrebbe essere la possibilità di crescita in armonia come per l'albero, così anche per l'uomo. Siamo sulla terra, ragazzo, ma non del tutto della terra, poiché poggiamo su questo sacro suolo, ma come l'albero, tendiamo misteriosamente ad elevarci verso il cielo. La terra ci sostiene ed è la base solida che ci permette di conoscere l'universo sopra di noi e per questo è importante ed è considerata, nella nostra cultura, come madre. Come fa l'albero chi va in alto, non deve dimenticare sua madre in basso. Al contrario, chi va in basso, non deve dimenticare la luce, che illumina il suo cammino che proviene dall'alto, dal padre sole.

L'albero insegna l'equilibrio che deve esistere tra l'alto e il basso, tra il cielo e la terra, tra il padre e la madre. Per questo noi lo amiamo e gli siamo riconoscenti.

Fury - La ringrazio è bellissima la corrispondenza che ha fatto, ma ho ancora una domanda da farle. Lei fa spesso riferimento al cuore e sembra consideri poco le facoltà della mente, perché?

Anziano - Cervello e mente non sono la stessa cosa. Il cervello è importante quanto il cuore, ma l'era in cui viviamo è molto, forse troppo, centrata sulla testa. Possiamo dire che il pensiero elabora ciò che il cuore sente; la testa è fredda, il cuore è caldo.

Fury - Allora cos'è meglio per noi, essere più mente o più cuore?

Anziano - Non c'è una scelta da fare; dovremmo ascoltare contemporaneamente i due diversi messaggi dentro di noi ed armonizzarli di conseguenza. Allineare l'intenzione del pensiero con l'entusiasmo del cuore e poi attendere fiduciosi. L'intuito nasce da un corretto riconoscimento delle suddette facoltà, quella emozionale e quella razionale. Anche la natura, ad esempio, non sceglie tra il buio e la luce o tra il sole e la luna; li considera entrambi, perché necessari a creare il proprio ritmo.

Ora avvicinati fratello e chiudi gli occhi."

L'anziano ad un certo punto cambiò espressione, allungò la mano sulla testa di Fury e con estrema concentrazione iniziò a parlare:

Che la luce del tuo cuore ti guidi.

Che la luce della tua anima benedica il lavoro che fai con il segreto amore e calore del tuo cuore.

Che tu veda in ciò che fai la bellezza della tua anima.

Che tu sia sempre presente in quello che fai.

Che l'alba ti trovi desto e attento, pronto ad affrontare la nuova giornata con i suoi sogni, le possibilità e le promesse.

Che la sera ti trovi felice e appagato.

Che tu possa entrare nella notte beato, protetto e difeso. Dia dhuit.

17

**Osservare senza giudicare.
Buio e luce**

Fuoco e acqua sono fratelli, maschile e femminile, alto e basso... Un loro incontro produce l'amore.

All'alba, quando il cielo è pronto per ricevere la luce di un nuovo giorno Fury è già in piedi. Dall'esterno con un colpo di fari il taxi lo avverte del suo arrivo. All'aeroporto di Edimburgo, poco distante, il volo lo attende per riportarlo a casa. La presenza invisibile dell'anziano l'aveva tenuto in uno strano dormiveglia accompagnandolo per tutta la notte, dandogli l'impressione di non volerlo lasciare. Ovunque volgesse lo sguardo aveva la sensazione di rivedere quella singolare e originale sagoma. Le parole di quell'uomo avevano avuto su di lui un effetto magico e dirompente come quando una lama penetra senza sforzo in un materiale tenero e delicato. Ciò che lo aveva colpito era stata la semplicità e quel senso di completezza proprio di una cultura che non esclude nessun aspetto della vita perché li considera tutti parte di un unico e necessario grande disegno organizzato. Il tema del male, inteso come zona buia e la possibilità di integrarlo, lo avevano colpito particolarmente e fatto riflettere sull'effettiva necessità di armonizzare forze in apparenza contraddittorie. Osservare e considerare senza giudizi e paure quella parte di noi inconsapevole, che sfugge al controllo avrebbe creato l'allineamento di tutti gli aspetti della personalità e permesso maggiori opportunità di realizzazione. Ma non avremmo mai potuto vedere tutto questo finché non ci saremmo accettati per quello che veramente siamo: buio e luce contemporaneamente. Semplicemente accogliendo senza giudicare, senza aspettative, avremmo superato le paure del passato e segnato l'inizio di una nuova fase. Un fascio vibrante di luce, con origine nel sole della mente, apriva un varco la dove per secoli erano stati l'oblio e l'oscurità a fare da padroni. La zona buia o inconscia non era negativa come voleva farci credere il pensiero, non solo nostro ma di tutti i tempi, ma era necessaria per equilibrare l'eventuale volo. Come il battito di ali della farfalla che la fa librare o il ritmo del respiro che permette di vivere. Era proprio il buio in realtà che avrebbe permesso di vedere la luce, invitato ad amarla e fatto capire quando ce ne saremmo allontanati, cosa impossibile se fossimo stati immersi pressoché completamente nella luminosità totale. Sperimentando e gestendo queste emozioni avrebbe concesso la possibilità di scegliere cosa vivere. Integrare e non combattere aveva detto l'anziano. Far pace con i demoni dentro e fuori di noi. Tutti gli aspetti della vita sono necessari e concorrono a creare coerenza ed equilibrio. Ma la mente è incapace di vedere questa ritmica, non perché è cattiva ma perché non è in grado di osservare contemporaneamente i due aspetti. Era necessario comprendere questo punto per evitare di perdersi in battaglie contro una parte di noi che ci avrebbero privato di energia per raggiungere i nostri obiettivi. Evitando di lottare e dando presenza avremmo al contrario scongiurato la possibilità di rinforzare queste tendenze. Con una particolare attitudine, con l'osservazione attenta, con la pratica della meditazione modificare l'atteggiamento nei loro confronti allineandosi al nuovo e lasciando andare il vecchio. Qualunque realizzazione, qualsiasi cambiamento, i sogni e le aspettative di ognuno riguardano il futuro e non possono realizzarsi se siamo concentrati sul passato o sulla nostra zona buia. Senza pretendere di cancellare assestarsi nell'attimo presente e proiettarsi con successo verso un avvenire meraviglioso.

Siamo creatori, ciò che pensiamo e osserviamo si materializza, dunque senza indugiare, senza esitare, con decisione dirigiamo il nostro sguardo verso il cielo dove è iscritto il disegno di ciò che desideriamo veramente.

18

Silenzio, immobilità, respiro

In realtà anche nell'immobilità esiste movimento, ma impercettibile. In verità anche ciò che credi immobile si muove. Non è spiegabile nel movimento ma è percettibile nell'immobilità. Ciò che credi immobile si sta muovendo e ciò che si sta muovendo un giorno sarà di nuovo immobile; perché questo è il ritmo dell'esistenza. Se in te esiste solo movimento perdi l'essenziale che è ritmo ed è percettibile nell'immobilità.

Quanto più ti muoverai velocemente nella vita, tanto più ti sfuggirà il contatto con il tuo centro immobile, centro da cui hai avuto origine e dove un giorno ritornerai.

Era scritto lungo le scale e nei corridoi che conducevano alla sala della meditazione. La parola silenzio riecheggiava ed era un richiamo ai residenti di questo luogo sacro. Fury l'aveva notato e, malgrado l'insistenza, gli era sembrato adatto ad un luogo così particolare. L' incontro con questi monaci lo avrebbe portato di fronte ad alcune scoperte, che a prima vista non sembravano poi così importanti. Eppure, restare immobili a praticare la preghiera e il silenzio, era la base dell'esperienza dei religiosi che qui risiedevano e in futuro lo sarebbe diventata anche per lui. Prima di arrivare al tempio, Fury aveva immaginato chissà quali esercizi complicati si sarebbero dovuti eseguire, ma si era dovuto ricredere quando i monaci gli fecero capire, con la loro pratica quotidiana, che erano proprio le cose semplici della vita di tutti i giorni che potevano introdurci alla nuova consapevolezza. Le azioni quotidiane, che normalmente svolgiamo meccanicamente, se eseguite con attenzione, possono portarci a scoprire una nuova dimensione di noi stessi e del nostro essere.

Il silenzio, che Fury aveva già sperimentato nelle pratiche a contatto con la natura, era diventato vero ed essenziale quando si era trasformato in silenzio interiore ed aveva cominciato, inaspettatamente, a parlare alla mente e al suo cuore. Praticarlo con maggiore intensità e con l'aiuto dell'immobilità gli avrebbe permesso di trasferire il nuovo stato di coscienza acquisito anche nelle circostanze della vita di tutti i giorni. Solo più tardi Fury avrebbe apprezzato e capito l'importanza di tali semplici pratiche. All'inizio, come tutti i principianti, era scettico e non riusciva a credere che stare fermo, in silenzio, sentendo il proprio respiro, potesse procurare dei risultati effettivi su di lui. Non è facile, al riguardo, convincere le persone che lavorare su se stessi, con esercizi così semplici, possa portare tanti benefici; eppure, sia il silenzio che l'immobilità possono veramente produrre qualcosa di straordinario, che noi non possiamo nemmeno immaginare.

"Espira, inspira - Espira, inspira". La voce del maestro risuonava e sembrava riempire la sala della meditazione. "Schiena eretta - Spalle rilassate - Occhi leggermente socchiusi". Poche indicazioni essenziali per non perdere la posizione iniziale.

In quei giorni Fury non riuscì a parlare con nessuno, perché vi era l'obbligo del silenzio. Lui avrebbe voluto incontrare il maestro di quel luogo, ma conosceva la difficoltà a realizzare questo desiderio.

Arrivò il giorno della partenza e, quando sembrava oramai non esserci più speranza, un monaco inaspettatamente gli si avvicinò e gli fece cenno di seguirlo. Tutto avveniva proprio quando ormai aveva perso ogni speranza. Adesso aveva l'opportunità di parlare con la guida del monastero ed esporgli alcuni suoi interrogativi che in quel momento non trovavano risposte.

FURY - Venendo qui da voi mi era stato detto che questo era un luogo di silenzio e che non era possibile parlare con i residenti; mi perdoni per questa precisazione, sono emozionato. Comunque la ringrazio per l'accoglienza e per avermi ricevuto; come ha fatto a capire il mio desiderio?

MAESTRO - Il tuo desiderio proviene dal cuore e ha parlato attraverso i tuoi occhi. Forse tu non lo sai, ma dal primo istante che sei entrato qui da noi, non ho mai smesso di seguirti.

FURY - Ma io non mi sono accorto di nulla; come ha potuto lei capire le mie intenzioni e i miei desideri?

MA - Nel silenzio che noi pratichiamo, vi sono nascosti anche questi segreti. Nella pratica quotidiana impariamo a sentire ciò che sfugge ad un ascolto superficiale.

FURY - Come si fa?

MA - Con il lavoro, la perseveranza e la pazienza. Il tuo corpo, la tua postura, il tuo modo di essere e parlare esprimono quello che tu sei oltre le apparenze. Con il lavoro su se stessi si può vedere oltre queste apparenze e raggiungere l'essenza di ognuno di noi. Sono le stesse pratiche che ci hanno trasmesso i nostri padri e noi rispettiamo gli antenati.

FURY - Sono molto semplici le vostre pratiche.

MA - Sono semplici, ma profonde ed essenziali. Non servono cose complicate. Le cose complicate, potrebbero portare altre complicazioni e rallentare la necessaria evoluzione. Ma dimmi, cosa ti spinge qui.

FURY - Sto cercando di capire.

MA - Che cosa vuoi capire?

FURY - Come raggiungere la ricchezza e realizzare il mio destino.

MA - E' strano che tu sia venuto qui per trovarla. Nessuno di noi, in questo tempio, ha la ricchezza che tu vai cercando e nemmeno vuole raggiungerla.

Fury - Ma voi però siete felici.

Ma - Quella è un'altra cosa. Noi siamo felici perché abbiamo contatti con l'essenza dentro di noi. Lì c'è un segreto che ognuno, un giorno, dovrà scoprire se vuole realizzare il suo destino. Come vedi, anche noi cerchiamo ciò che cerchi tu, ma in un'altra direzione. Secondo la nostra concezione tutti gli aspetti della vita sono importanti. Tu sai che esistono due tipi di ricchezza? Una è esteriore, l'altra interiore. Qui siamo interessati a quest'ultima.

Fury - Perché?

Ma - Perché è definitiva ed è la vera ricchezza. Devi imparare a vedere il tuo interno e allinearlo all'obiettivo; è innanzitutto lì che ti arricchisci e ti programmi alla felicità. L'esterno è importante ma è una conseguenza. Osservando l'interno vedrai le tue paure; sono loro che ti frenano. Per essere felice dentro devi aver compreso e integrato la paura. Se non superi questa zona d'ombra, insieme alla ricchezza delle cose resterà con te il timore di perdere ciò che hai conquistato con tanta fatica. La felicità, quella interna è tua e nessuno può togliertela perché cristallizzata da un atto di volontà consapevole. Dunque sii felice e ricco subito dentro a prescindere dai risultati.

Tuttavia nella vita, non va esclusa la possibilità di raggiungere le due ricchezze contemporaneamente: dipende da noi e da ciò che vogliamo fare. Siamo liberi di scegliere. Il tuo problema, probabilmente, è che hai un'idea errata della felicità. Tu credi che per raggiungerla hai bisogno di avere tante cose. In realtà, la ricchezza, quella vera, è uno stato dell'essere che vive dentro di te e chiede solo di essere scoperto. Questo è anche lo scopo e il fine della nostra pratica quotidiana. Tuttavia, il fatto che tu sia venuto qui al tempio, rappresenta un segnale importante, che per ora al tuo livello non puoi vedere. E' possibile che dentro di te ci siano due richieste; una proviene dalla mente, l'altra più profonda dall'anima.

Fury - Lei cosa mi consiglia?

Ma - C'è poco da consigliare. È l'ascolto e il lavoro su se stessi che possono indicarti la direzione. Tu sai che se vuoi fare un quadro, devi prima imparare a disegnare e ad usare i colori. Se ti dedichi all'alpinismo, devi saper avanzare in verticale e questo presuppone che tu sia allenato. Qualsiasi cosa si voglia fare nella vita richiede una preparazione preliminare, ma quella del conoscersi è la cosa più importante, perché ci svela il segreto di chi siamo veramente e che cosa siamo chiamati a fare. Una volta che sai chi sei, allora puoi decidere come agire e scegliere la direzione da dare alla tua vita. Le gerarchie vanno rispettate, l'essere precede il fare. Quando un'azione è coerente con l'essenza di chi la compie, allora diventa sacra e il risultato ci dirà come abbiamo lavorato. Ti faccio una domanda. Ammesso che tu riesca nell' obiettivo di fare soldi, con quella ricchezza potrai avere tutto quello che vuoi e ciò che desideri; sei d'accordo?

FURY - Si, sarebbe stupendo.

MA - Chiediti ora con tutta sincerità e onestà, se quelle cose ti faranno veramente felice e soprattutto se sarai in grado di gestirle. Non sto utilizzando la solita espressione che la ricchezza non fa la felicità. Molti di quelli che pronunciano questa frase non sono riusciti a raggiungerla e allora si giustificano con quelle parole. Nel loro cuore resta la speranza, la consapevolezza e il rammarico per non avercela fatta. I destini degli esseri umani sono diversi perché ognuno è unico in questo mondo. Ciò che è importante capire, oltre i desideri e le aspirazioni personali è cosa siamo chiamati a realizzare in questa incarnazione. Capire è necessario per evitare sofferenze inutili in futuro. Hai mai provato a dare un senso alla tua vita? Nessuno può sapere se quella probabile ricchezza ti farà felice veramente. Potrebbe non essere in accordo con la tua essenza più profonda.

FURY - Mi dica: perché l'uomo soffre?

MA - Hai fatto una domanda importante. L'uomo soffre perché è attaccato alle cose e alle apparenze. Ad esempio, tu vedi una persona di fronte a te ma ti sfugge l'essenza di quell'essere. Credi che quel corpo che stai osservando sia tutto; il paradosso è che anche questa persona crede di essere solo il suo corpo, poiché ne è identificata, quindi sono in due. Ciò che dà vita al corpo è l'anima, che non si vede.

FURY - Voi seguite la tradizione e la saggezza tracciata dai maestri. Come definisce lei un maestro?

MA - Maestro è colui che scendendo sulla terra ha una missione precisa da compiere e non può per nessun motivo indietreggiare di fronte ad un simile compito. Il suo arrivo sul pianeta, non è da considerarsi esclusivamente un evento terreno, ma riguarda un particolare disegno cosmico, che pochi riescono a vedere. Quando l'umanità è in difficoltà ed è richiesto un intervento particolare, avvengono incarnazioni superiori di questo tipo.

FURY - Qual è la caratteristica di un maestro?

MA - La perseveranza.

FURY - Cosa significa essere saggio?

MA - Essere saggio è la capacità di vedere il bene nel male e il male nel bene. Questo stato di coscienza presuppone un profondo equilibrio da parte del soggetto che lo realizza.

FURY - Che cosa significa essere spirituale?

MA - Essere spirituale significa essere se stessi. E' la fedeltà alla propria missione riscoperta dentro il cuore che cambia la vita e conduce alla vera felicità.

FURY - Cosa intende per felicità?

MA - Essere felice è essere nel proprio centro e diventare un'unica cosa con lui. È l'incontro della circonferenza con la sua origine, da dove tutto ha avuto inizio. Essere nel proprio centro dà gioia e presenza all'esistenza. Questo processo, non riguarda il piacere così come oggi è conosciuto. Se sei capace di sentire la magia del momento che stai vivendo, allora puoi essere felice veramente.

FURY - Dunque è qualcosa che riguarda il presente?

MA - Prova a chiudere gli occhi e senti la magia di questo preciso istante. Lasciati per un attimo alle spalle il tuo passato e non preoccuparti del futuro. Abbi fiducia della vita. Prova a vederti felice, qui ed ora. La felicità non si vende al mercato, né te la può dare qualcuno, la devi trovare dentro di te. Non ha nemmeno a che fare con le cose. Non permettere che siano loro a doverti fare felice. Le cose ti illudono e sono passeggere. La vera felicità, che tutti possono raggiungere è all'interno del tuo cuore ed è definitiva. Quando la troverai, farai felice chiunque si trovi nei tuoi paraggi. È una luce che illumina continuamente senza chiedere nulla in cambio. Benché tu per ora non lo veda, sappi comunque che lo scopo ultimo dell'esistenza è di farti felice perché ti vuole bene.

FURY - Come mai, malgrado tanto progresso raggiunto nella nostra era, non siamo felici?

MA - Perché la società attuale, non è interessata alla vera felicità tra gli esseri umani, ma solo alla vendita dei prodotti che danno l'illusione e appagano i piaceri dell'ego.

FURY - La sua conoscenza è veramente profonda.

MA - La vera conoscenza è tridimensionale, proviene dall'interno del cuore e soltanto successivamente invade l'esterno.

FURY - Che cos'è l'interno?

MA - L'interno è lo spazio dove abita il codice della memoria. Chi raggiunge la propria interiorità, conosce nello stesso tempo il suo destino.

FURY - Vorrei anch'io provare a seguire questo percorso; da dove devo iniziare?

MA - Inizia da cose semplici. Per esempio, inizia a ringraziare.

FURY - Che cosa devo ringraziare?

MA - Ringrazia la vita. Ringrazia la natura e la madre terra che ti sostiene; l'acqua che ti disseta e l'aria che ti fa respirare. Al mattino potresti ringraziare il sole, tuo padre, che ti invia incessantemente la luce e il calore. Esprimi riconoscenza ancor prima di aver ottenuto ciò che desideri; l'universo non è indifferente ai tuoi gesti di fede e risponde alle vibrazioni sincere e spontanee. Gioisci e sii felice, le tue aspettative stanno per essere esaudite. Impara la gratitudine per avere un corpo fisico in buona salute e vai oltre.

FURY - Cosa intende?

MA - Prova a vederti all'interno di una luce vibrante e chiedigli di proteggerti. Osservati dentro questa sfera con il tuo obiettivo materializzato e senti l'emozione che ti procura. Illumina con questo bagliore anche le tue zone nascoste più buie. Getta una rete invisibile di luminosità su quei rigidi schemi obsoleti. Invadi con questa luce interna tutto il tuo essere e il mondo che ti circonda e la tua vita si trasformerà. Abituati a chiedere in maniera chiara ciò che vuoi raggiungere. Non ti lamentare e non essere timido e indeciso quando esprimi i tuoi desideri più profondi. Fai sentire la tua voce forte e chiara. Se non lo fai tu chi mai ti potrà sostituire?

FURY - Nella mia vita ho chiesto alcune cose, ma non sempre si sono realizzate.

MA - Se non si sono realizzate è perché non erano allineate al proposito universale e alla tua vera essenza. Le tue richieste forse, provenivano dal tuo ego e quindi non era possibile soddisfarle. Questo è il motivo per il quale bisogna andare a vedere dentro di noi, oltre le apparenze, per capire cosa è veramente utile in questo breve passaggio terreno. Quello che non si realizza e che noi consideriamo come un fallimento, nella realtà è per il nostro bene ed è un richiamo a cambiare direzione o a provarne un'altra.

FURY - Come si fa a capire cosa è bene per noi?

MA - Ascoltando; ascoltando in silenzio. La voce interna parla piano e per sentirla bisogna fare molta attenzione.

FURY - Come facciamo a sapere quando siamo nel giusto?

MA - Un essere umano è nel giusto, non quando fa qualcosa che gli altri reputano tale, ma quando tornando alla vera essenza, incontra se stesso e ascolta ciò che la sua missione ha da dirgli. Non esiste nessuno al di fuori di noi, per quanto saggio, che possa dire cosa dobbiamo fare. La questione, come vedi, ancora una volta è interna e non esterna a noi. L'ascolto di se stessi è una comunione e la voce che sentiremo ci dirà cosa fare. Tu sai che la voce, la vera voce, non pretende e non vuole cambiare nessuno, specie se il cambiamento non rientra nelle sue reali possibilità.

Quando siamo nel giusto e facciamo del bene, non dovremmo aspettarci nulla in cambio. Aspettarsi qualcosa, significa inquinare la nostra azione che non avrà più le caratteristiche impersonali proprie di ciò che arriva direttamente dal cuore. Un'azione che parte dal cuore, avrà per sua stessa natura la giusta ricompensa nei termini di felicità e pienezza interiore che una mente calcolatrice ed egoica, mai sarà capace di riconoscere. Simili gesti non hanno bisogno di riconoscimenti umani, poiché bastano a se stessi e fanno gioire l'esistenza riempiendola di nuova fragranza e nuove possibilità.

Fury - Voi qui pregate e lavorate.

Ma - A cosa ti fa pensare questa doppia attività?

Fury - Ad un equilibrio. Un ritmo equilibrato tra attività esteriore e pausa interiore.

Ma - Il lavoro può essere considerato in vari modi e a diversi livelli. C'è chi lavora per diventare ricco e la sua ambizione può arrivare ad essere insopportabile per lui e per chi gli vive vicino. C'è chi lavora per procurarsi il necessario per vivere ed è felice. Noi lavoriamo per sostenerci, infatti, abbiamo l'orto e i prodotti che ricaviamo ci sfamano. Oltre a questo, lavoriamo anche e soprattutto su noi stessi attraverso le pratiche che tu hai sperimentato in questi giorni. I due tipi di lavoro, interiore ed esteriore, devono essere in equilibrio per creare l'armonia e la pace.

Fury - Quindi per voi anche l'aspetto materiale è importante.

Ma - Non c'è una classifica in queste cose, non vediamo una cosa più importante dell'altra. Ciò che è importante è la vita. La meditazione richiede immobilità, il lavoro richiede movimento ma in entrambi i casi siamo concentrati. Per vivere bisogna mangiare, poiché è una necessità del corpo, ma c'è anche lo spirito e bisogna nutrire anch'esso. Il cibo che mangiamo riguarda la terra e sfama il corpo fisico. La pratica del respiro concerne l'aria e respirare correttamente nutre lo spirito e la consapevolezza. Esistono gerarchie e precise leggi nel cosmo che chiedono il nostro allineamento a loro.

Fury - Partendo dal respiro arrivate a conoscere il vostro ritmo individuale.

Ma - Sì, è così. Il respiro nella realtà è un grande segreto che può collegarti al più vasto ritmo cosmico. Non si può solo inspirare, bisogna anche espirare. Chi ha difficoltà a dare, nella vita, modifica il proprio ritmo respiratorio, perché ha paura e la sua fase d'espirazione sarà ridotta. La vita è come una danza, dà e prende, dobbiamo anche noi imparare questa legge. Noi preghiamo e lavoriamo. Le due cose ti sembrano separate, ma nella realtà, sono un'unità e la base alla nostra antica regola.

FURY - Cos'è importante nella vostra pratica?

MA - L'atteggiamento. L'atteggiamento è decisivo, crea il successo o il fallimento. Come preghi e mediti, così sarai nella vita di tutti i giorni. Qui da noi s'insegna questo concetto fondamentale. Imparare a vivere il giusto atteggiamento verso se stessi, verso la vita e verso gli altri.

FURY - Cos'è in realtà l'atteggiamento?

MA - L'atteggiamento è una frequenza sotterranea invisibile che fluisce in quello che facciamo e ne determina o meno la riuscita. Questo tipo di frequenza non te la può dare nessuno, la devi cercare dentro di te con il lavoro e l'impegno. Giusto atteggiamento e corretto respiro realizzano il proposito.

FURY - Mi scusi, ma tutti respirano.

MA - Sì, tutti respirano, ma pochi ne sono consapevoli. È indispensabile imparare ad essere coscienti del respiro.

FURY - Dunque respirare è la cosa più importante.

Ma- Il respiro è fratello dello spirito. Quando respiriamo l'aria, prendiamo anche un po' di fuoco che l'aria trasporta. L'aria la sentono e la conoscono tutti, ma per sentire il fuoco bisogna esercitarsi.

Fury - Viviamo in un'era tecnologica e avanzata, non le pare fuori luogo parlare di pratiche così semplici?

Ma - Stiamo parlando dell'aria. Mentre io ti parlo, noi respiriamo. Il respiro è la legge stessa della vita; nasciamo con un inspiro e moriamo con un espiro. Se l'essere umano imparasse a respirare, il mondo migliorerebbe all'istante. Oggi si fa del tutto per avanzare in ogni campo della vita, ma vedo, purtroppo, che si dimentica l'essenziale.

Fury - Come abbiamo potuto dimenticare il respiro?

Ma - L'abbiamo dimenticato perché non ci siamo più degnati di guardare dentro di noi.

Fury - Perché l'uomo moderno non guarda dentro di sé?

Ma - Perché per guardarsi c'è bisogno di coraggio. Dovremmo tornare a vedere chi siamo veramente e il respiro è il mezzo che può portarci in quel luogo.

Fury - Noi respiriamo, anche gli animali e le piante respirano.

Ma - Tutto respira nell'esistenza. Il mare respira con le onde; la terra lo fa con i suoi movimenti e il sole con il ritmo delle macchie solari. Tutto l'universo è allineato ad un unico grande respiro che raggiunge e penetra anche nel nucleo della più piccola cellula. Le leggi sono le stesse, cambiano le grandezze e le misure, ma le proporzioni restano.

FURY - Prima ha parlato di coraggio, come definisce questo termine.

MA - Il coraggio è decidere di tornare a vedersi per quello che veramente siamo oltre ciò che sembriamo o crediamo di essere.

FURY - Perché l'uomo non è mai contento e sembra che gli manchi sempre qualcosa?

MA - Perché non risponde veramente alle sue esigenze.

FURY - Quali sono le sue esigenze?

MA - Quelle fisiche, che tutti conoscono e quelle spirituali e invisibili di cui pochi si preoccupano.

FURY - Le religioni sono in crisi, che ne pensa?

MA - Le religioni sono in crisi, perché l'uomo è in crisi. I sistemi religiosi moderni hanno umanizzato eccessivamente ciò che non era possibile umanizzare. Oggi, purtroppo, viviamo di forme e di quantità e abbiamo perso l'essenza e la qualità; si bada troppo alle apparenze e al sembrare. Da parte mia, sono certo che la nuova era che seguirà questa fase di crisi, sarà sicuramente meno religiosa e molto più spirituale.

FURY - Cosa mi dice della libertà e delle possibilità di realizzazione che ci sono concesse?

MA - Il concetto di libertà è spesso frainteso. Tutti vogliono essere liberi, pochi, purtroppo, si assumono la responsabilità della propria libertà. Ricordati che libertà e responsabilità non si possono separare. Tu sai che se fossimo stati creati più liberi, sarebbe stato necessario aumentare le responsabilità. I vari mondi con cui siamo in relazione, minerale, vegetale e animale, sono meno liberi di noi. Con questo non voglio dire che sono meno importanti degli esseri umani; è la loro posizione che è diversa nella gerarchia universale. Tuttavia, malgrado nel processo evolutivo rientrino tutte le forme viventi, qualunque sia la posizione che occupano è all'uomo che viene data la collocazione strategica e decisiva di tramite tra i due mondi.

FURY - Quali sono i due mondi?

MA - Il mondo superiore, che è divino e quello inferiore delle ombre, che è terreno.

Fury - Noi, dunque, dobbiamo abbandonare il mondo terreno per raggiungere il mondo divino.

MA - Figlio mio, chi ti dice queste cose? Se siamo su questa terra, significa che abbiamo un lavoro da fare con lei. Nessuno abbandonerebbe mai sua madre, non vedo perché dovremmo farlo noi. Nei miei viaggi sull'Himalaia, ho avuto modo di incontrare alcuni eremiti. Devi sapere, che non sempre questi anacoreti raggiungono l'illuminazione, malgrado si siano ritirati dal mondo. Con questo non voglio dirti che sia sbagliato ritirarsi; volevo semplicemente ricordarti che è possibile raggiungere una meta spirituale anche restando nella società, in mezzo alla gente.

Fury - Ma io sono certo di essere libero.

MA - Noi non siamo liberi, crediamo di esserlo. Nella realtà sei convinto di qualcosa che non c'è. La tua vita, i tuoi movimenti, i desideri, sono talmente inconsapevoli che non ti permettono nemmeno di vedere la mancanza di libertà.

Fury - Dal suo punto di vista è probabile, allora, che anche il mio primo impulso nella ricerca della felicità e della ricchezza sia stato meccanico; volevo dire, dettato dall'inconsapevolezza.

MA - Sì è possibile. Tuttavia era necessario. Se però ti fossi fermato a quello stadio, ossia alla esclusiva ricerca della ricchezza materiale, malgrado l'avessi raggiunta, molto probabilmente avresti bloccato la tua crescita a quel livello. Tu sai che l'evoluzione è una legge universale e non è quella delle cose, ma quella dell'essere. Di sicuro, avrai avuto modo di conoscere persone ricche che però non sono felici.

FURY - Come mai?

MA - Perché hanno lavorato solo sull'aspetto esteriore.

FURY - Cosa significa?

MA - È come nel lavoro di una massaia. Lei sa che dovrà pulire tutta la casa per tenere l'ordine. Se al contrario, si disinteresserà di alcune stanze non otterrà il risultato sperato; è quando si considerano tutti gli aspetti della vita che si fa la differenza e gli aspetti non sono solo esterni.

FURY - Come è accaduto che nella mia incoscienza, vedessi questa diversa possibilità di evolvere. Volevo dire, perché sono venuto da lei che è un maestro spirituale e non sono andato, ad esempio, da qualcuno che mi avrebbe insegnato come guadagnare dei soldi?

MA - I tuoi esercizi iniziali, hanno aperto l'orizzonte di fronte a te e ti hanno fatto vedere le possibilità di scelta che avevi. L'immobilità ha calmato la tua mente, il flusso di pensieri si è acquietato e ti ha messo in condizione di scegliere. Quella semplice pratica ha prodotto quel tanto di libertà da poter decidere la strada da prendere. Al contrario, se fossi rimasto nell'incoscienza avresti agito meccanicamente. Tu sai che per diventare libero, all'inizio è importante vedere che non lo sei. Ma se resti inconsapevole non puoi vedere la mancanza di libertà. Una macchina non può vedere che è una macchina, così come un pesce non sa di essere in acqua. Lo potrà sapere solo quando avrà modo di uscirne. Le catene, che ci tengono prigionieri sono invisibili e bisogna esercitarsi per vederle. Per questo la tradizione ricorda quei maestri che si sono liberati e hanno aiutato gli altri a redimersi e li annovera giustamente tra i grandi illuminati.

FURY - Una domanda che avevo in mente di farle all'inizio. Qual è la cosa più importante nella vita di un essere umano?

MA - Ti giro la domanda; dimmelo tu cosa c'è di veramente importante nella vita per cui valga la pena di viverla.

FURY - Secondo me, la cosa più importante nella vita degli uomini sono la pace e la fine di tutte le guerre. È anche importante che non si muoia più di fame.

MA - Quello che hai detto va bene, ma c'è qualcosa di più profondo che riguarda ognuno di noi e che permette di conoscerci per quello che veramente siamo. Conoscere se stessi e la missione assegnataci sono ciò che veramente ci distingue da tutte le altre forme di vita qui sul pianeta. La luce è la cosa più importante e l'origine di tutto, per questo la metto al primo posto. Ciò che ti mette in comunicazione contemporaneamente con questa luce e nello stesso tempo con te stesso è il respiro. Diventare consapevoli della respirazione, quale luce interna a noi stessi, ci mette in comunicazione con la luce esterna, rappresentata visibilmente da nostro padre, il sole. L'unione tra la luce esterna e il respiro interno si incontra e si realizza nel centro del cuore dell'essere umano. Due, dunque, sono le cose che fanno da base alla vita di noi esseri umani: la luce e il respiro.

Fury - Ma il respiro, come può…

Ma - Quando noi respiriamo, pensiamo di inalare solo aria. Nella realtà nel respiro il nostro corpo fa l'esperienza della luce che l'aria trasporta. Noi proveniamo dalla luce, ma soprattutto siamo luce; di recente la scienza ha scoperto che l'essere umano è luce condensata. Dunque, anche il corpo è luce raffreddata ad una specifica temperatura. Noi, purtroppo, dimentichiamo l'essenza della vita, senza il quale non potremmo vivere: la luce e il respiro. Ti ricordo che nella Bibbia, la prima parola scritta è luce.

Fury - Dunque è l'aria la cosa più importante.

Ma - Quando respiriamo l'aria, prendiamo anche un po' di fuoco che l'aria trasporta. L'aria la sentono e la conoscono tutti, ma per sentire il fuoco bisogna esercitarsi.

Fury - Una domanda su un argomento che ha sempre occupato la mia mente. Secondo lei è possibile realizzare la fratellanza tra gli uomini?

Ma - E' possibile e necessario.

Fury - Come?

Ma - Non c'è bisogno di sforzi particolari per realizzare una possibile fratellanza tra gli uomini, poiché essa già vive all'interno di ognuno di noi; va solo risvegliata la consapevolezza nei suoi confronti.

Fury - Come mai, allora, nel mondo si continua a combattere e a farsi del male?

Ma - Quando l'uomo combatte contro i suoi simili non è cosciente, è come se fosse addormentato e non si rende conto di quello che sta facendo. Nel futuro dell'umanità, se mai vi sarà, la fratellanza sarà il concetto di base del nuovo mondo che andrà a costituirsi. Quando capiremo che è molto meglio considerarsi fratelli anziché nemici, il mondo cambierà immediatamente per effetto di questa nuova empatia. Credo che la fratellanza tra gli uomini sia veramente l'essenza e la punta di diamante di tutte le religioni, antiche e moderne, che nulla sarebbero se almeno non ne favorissero la realizzazione.

Fury - Nella società attuale ci sono troppe differenze tra i popoli e troppa competitività tra loro per realizzare una cosa simile.

Ma - Si, è vero, ma a prescindere dalle naturali differenze ed inclinazioni, sentirsi fratelli può significare veramente porre le basi per un nuovo mondo di pace e giustizia.

Fury - In Europa, come già avvenuto in America, le nazioni si sono unite; può essere un inizio?

Ma - Tutto è possibile; ma io non ti sto parlando né di politica, né di economia, poiché non mi interesso di questi argomenti. Tu mi hai chiesto della fratellanza e io ho risposto alla tua domanda. Te lo ripeto, la fratellanza non è qualcosa che si può realizzare in un parlamento o in qualche palazzo di governo. La fratellanza è una cosa seria e può realizzarsi soltanto attraverso un atto consapevole di esseri che la scoprano, prima di tutto, dentro di loro. Comunque, il fatto stesso che oggi si parli molto di questo argomento mi fa pensare seriamente alla possibilità che in un lontano passato l'uomo abbia già fatto l'esperienza favorevole di vita fraterna.

Fury - Ho due figli che amo. Che cosa può dirmi di loro?

Ma - I figli arrivano per farci scoprire chi siamo. Dovremmo amarli senza costringerli a fare quello che noi reputiamo giusto. Tuttavia, malgrado l'amore che nutriamo nei loro confronti, non sempre siamo a conoscenza della vocazione che li anima e li spinge verso certe scelte. Bisogna avere il coraggio di lasciarli vivere e scegliere le esperienze che la loro anima ha bisogno di fare in questa vita, nella loro vita.

FURY - Ma noi genitori, vogliamo proteggere i nostri figli.

MA - Capisco quello che vuoi dire, ma credimi, non serve proteggerli, poiché così facendo li indeboliresti. Sono le prove e le esperienze che formano il carattere dei giovani. Possiamo, comunque, controllarli da una certa distanza, ma le loro scelte devono essere libere, così imparano ad essere responsabili.

FURY - Perché ci sono quasi sempre incomprensioni tra genitori e figli?

MA - Perché ci sono aspettative. Ad esempio, tuo figlio nasce con predisposizioni ad un lavoro di tipo fisico e tu invece vuoi che faccia il medico o il dentista. La tua richiesta non potrà essere soddisfatta poiché tu stai costringendo qualcuno a fare ciò che piace a te.

FURY - Ma il genitore lo fa per il suo bene e per assicurargli un futuro.

MA - Il futuro dipende sempre dal presente. Se fai qualcosa di buono adesso, in futuro sicuramente ne ricaverai dei risultati. Se costringi tuo figlio a fare adesso quello che vuoi tu, ma non piace a lui, non è detto che il suo futuro sarà buono come tu pensi. Il nostro concetto di bene è molto soggettivo e limitato alla nostra esperienza passata. Non dobbiamo dimenticare che i figli sono anime a volte molto più evolute di noi. Il genitore che vuole a tutti i costi qualcosa per suo figlio, dovrebbe valutare prima di tutto il talento e le sue capacità creative. Non dobbiamo cadere nel tranello di volere che loro realizzino nella vita ciò che non siamo riusciti a fare noi.

FURY - In questi giorni ho sentito parlare del soffio. Cosa intendete per soffio?

A questa domanda il maestro fa seguire un attimo di silenzio, per poi riprendere a parlare.

MA - Rispondere alla tua domanda non è difficile, è impossibile. Il soffio non è un concetto che si può spiegare e nemmeno qualcosa che si può studiare sui libri. Voler capire il soffio è come voler vedere l'aria. L'aria la respiri, ma non la vedi, eppure, se non ci fosse, dopo qualche attimo moriresti. Dalla mia esperienza ti posso dire che aria e soffio sono fratelli. Come l'aria trasporta l'ossigeno, così il soffio trasporta la vita. La nostra pratica lavora a sintonizzarci con queste frequenze.

Fury - Un'ultima domanda un po' delicata. Nessuno accetta la morte, è veramente così brutto morire?

Ma - La morte non è né brutta né bella. È l'idea che ci facciamo di lei che ne determina le caratteristiche. La morte del corpo fisico è necessaria a farci vedere l'inutilità di quello che una vita intera ci ha fatto credere come reale. La sofferenza è direttamente proporzionale al grado di attaccamento alle cose materiali. Come disse saggiamente qualcuno dovremmo sforzarci di essere nel mondo, senza essere del mondo.

Fury - La ringrazio, maestro, per l'ospitalità e per le preziose informazioni che lei mi ha dato. Torno a casa con rinnovata fiducia e più propositivo.

Ma - È stato un piacere; quando vorrai, potrai tornare e praticare con noi. Che la luce illumini il tuo cammino.

19

Sii felice qui ed ora

La mente di Fury era ancora all'ultimo incontro. Nella sua testa la voce del monaco continuava a parlargli e sembrava non volerlo abbandonare. Le parole del religioso erano state chiare e avevano segnato in maniera decisa una linea di demarcazione tra una doppia realtà e due distinte opportunità concesse all'uomo. L'idea, che in lui iniziava a farsi spazio, riguardava l'esigenza di riuscire a creare allineamento tra loro, equilibrandole alla coerenza pratica. Il maestro era stato fin troppo chiaro sull'effettiva possibilità di trovare ciò che desideriamo dentro di noi. La presenza di una dimensione interiore, di uno spazio che se opportunamente creato può contenere ciò che cerchiamo. La necessità di doversi conoscere per raggiungere i cambiamenti sperati e creare il destino che vogliamo in maniera fluida, coerente ed equilibrata. Il compito di ognuno è scoprirsi, questa era l'essenza dell'ultimo messaggio ricevuto. Nessuno può sapere chi siamo all'infuori di noi. Non ci conosciamo e quindi resta difficile capire dove stiamo andando. Osserviamo la vita in base hai nostri desideri, creandoci confini ristretti. Eppure malgrado questi limiti, restiamo i veri creatori della realtà. Tutto ciò che accade è determinato da noi, consapevolmente o inconsapevolmente. Abbiamo il potere di decidere e piegare gli eventi al nostro volere. Siamo l'ago della bilancia che l'universo utilizza per realizzarsi; siamo dei tramiti, dei messaggeri. La nostra parte è quella di protagonisti Ciò che facciamo non è importante è decisivo. Il tutto è misteriosamente dentro di noi, ma ne dobbiamo divenire consapevoli. Ogni possibilità è alla nostra portata. Non abbiamo il dritto di ridurre la vita a una questione di cose e nemmeno far dipendere la felicità da loro o dagli altri. L'universo si muove e cambia; se vogliamo vivere dobbiamo seguirlo. Il mondo che abbiamo nella nostra mente è troppo ridotto per allinearsi all'armonia universale. Siamo rigidi e senza rendercene conto, limitiamo il personale raggio d'azione, scrivendo il nostro destino con schemi e programmi invisibili che annullano il talento e riducono le innate capacità. La vita è un mistero e se ci ha creato significa che aveva bisogno di noi. Siamo unici e irripetibili ma dobbiamo scoprirlo. Sentirci nel tutto e sentirlo dentro di noi. Essere umili, semplici, spontanei e propositivi come l'acqua che scorre, sicura di raggiungere il mare; fluidi e flessibili come i torrenti di montagna.

Imparare a ringraziare. Evitare di scoraggiarsi per ciò che non c'è, apprezzare ciò che abbiamo: l'aria, l'acqua, il vento, il sole, le montagne, le colline; tutto ciò che consideriamo ovvio e naturale è straordinario. L'esistenza è un miracolo e l'universo è meraviglioso. Coltivare l'attenzione verso ogni aspetto della vita. Risuonare alle piccole cose. Creare dentro di noi la convinzione e la certezza che ce la faremo. Non tentennare, non dubitare, non alimentare la mente in questo processo al negativo; osservarla dall'alto con distacco, la mente

procede per schemi rigidi e freddi e ripropone
sempre il passato. Non abbattersi e non pren-
dersi troppo sul serio. Utilizzare qualunque
evento della vita come una possibilità di evoluzione. Essere distaccati e sorridere il più
possibile. Esercitare il senso dell'umorismo di
fronte alla prove. Creare il giusto atteggiamento. Avere chiari nella testa gli scopi e fissare
gli obiettivi; parlarne solo dopo averli raggiun-
ti. Il tempo a nostra disposizione non è molto
per cui vivere immediatamente lo stato
d'animo di ciò che desideriamo.
Sii felice e ricco subito aveva detto il monaco,
in questo momento, qui ed ora. Non c'è nulla
da cercare o da scoprire; non è una tecnica ri-
servata a pochi eletti; tutto è già presente, deve
solo essere accettato e vissuto. Allora improvvisamente ieri e domani scompaiono e resta
solo la magia dell'attimo presente, l'unico per
cui è possibile essere felici definitivamente,
per sempre.

20

L'intelletto della testa incontra l'intelligenza del cuore

L'amore è un bambino che corre su un prato

Quella notte Fury non riusciva a prendere sonno. Il suo primo viaggio in Oriente gli stava riservando non poche sorprese. Per effetto del maltempo, la guida che lo accompagnava aveva dovuto opportunamente deviare dal programma previsto per raggiungere il villaggio montano a 3500 metri di quota. Il percorso complessivo di cento chilometri, era stato coperto con una jeep in otto ore circa. Per arrivare a destinazione si erano dovuti evitare burroni e scarpate impressionanti e superare fiumi che improvvisamente, per effetto della pioggia, aumentavano la portata d'acqua. In quella precaria situazione il giovane ed esperto autista, militare da poco in congedo, sembrava conservare la tranquillità tipica di chi si reca in ufficio con normali mezzi moderni o con la metropolitana. Nelle millimetriche manovre, puntualmente accompagnate dalle preghiere dei passeggeri, la sua voce seguiva la musica della vecchia radio con un dialetto incomprensibile anche al più esperto dei poliglotti. Mai come in questa occasione Fury ebbe la netta sensazione di come il tempo fosse un concetto personale e dipendesse dall'esperienza che si sta facendo. Quelle otto ore, all'interno di quel vecchio veicolo, sembravano non passare mai e se si fossero potute paragonare ad un tempo normale la corrispondenza più adatta sarebbe forse stata quella multipla di otto settimane. L'interminabile odissea a cui si stavano sottoponendo gli audaci avventurieri, procurava momenti di terrore ancora più intensi quando superato un tornante a ridosso di un costone, un boato faceva pensare a Fury e ai suoi amici di essere arrivati veramente alla fine. Con le braccia, i passeggeri all'interno del veicolo, accennavano istintivamente l'unico gesto naturale che gli restava da fare coprendosi la testa come quando si pensa che qualcosa ci stia per cadere addosso. Fortunatamente terminata la curva, la jeep con il carico umano si trovava invece di fronte ad alcuni uomini che non avendo potuto spostare a mano un grande masso che ostruiva il passaggio, avevano pensato bene di farlo esplodere con la dinamite ripristinando opportunamente il flusso stradale. In quelle zone di confine i territori sono divisi in distretti e a volte non si capisce nemmeno in quale nazione ci si trova. Non si può nemmeno dire se si è in pace o se è in corso qualche guerra locale tra etnie diverse. L'apparente calma che si nota attraversandoli non è sufficiente a procurare la tranquillità dei pochi visitatori costretti a testimoniare purtroppo la presenza di armi ovunque volgessero lo sguardo. Tornare su questi ricordi ed essere qui a raccontarli procura la naturale soddisfazione di chi è certo di aver oltrepassato l'ostacolo.

L'unica breve e fugace consolazione in quei momenti sembrava venire dalle sicure capacità dell'autista e dalle ridotte dimensioni del veicolo con cui viaggiava la spedizione, se si considera che su quel tracciato di montagna costruito a colpi di ruspa, transitavano anche grossi camion. Questa breve pausa rassicurante terminava quando improvvisamente un bestione simile si parava davanti ai viaggiatori subito dopo aver terminato una curva. A quel punto l'autista, doveva dimostrare la sua capacità e mettere in campo doti di concentrazione e freddezza tipiche di chi sa che non può sbagliare, iniziando a deviare leggermente sul bordo della carreggiata, per permettere il passaggio del mezzo più grande. Nel frattempo il camion di fronte, doveva per forza di cose sfiorare la roccia che sull'altro lato dava l'impressione quasi di toccarlo e creare così il varco dove la jeep sarebbe miracolosamente passata. Essendo seduto sul bordo del piccolo mezzo, Fury osservava la situazione e insieme a qualche preghiera, ogni tanto non poteva fare a meno di gettare uno sguardo preoccupato sul bordo laterale dove la strada finiva inevitabilmente in un precipizio che sembrava senza fondo per terminare con un fiume impetuoso che solo luoghi come quello possono creare. Tanto per completare la scena, in alcuni punti di quella mitica strada, delle funi d'acciaio fissate con metodi incerti e rudimentali si proiettavano nel vuoto per raggiungere l'altro lato della vallata. Un cesto di ferro costruito artigianalmente e fissato alla fune poteva alloggiare una persona all'interno con qualche vettovaglia e permettergli in pochissimo tempo di passare dall'altra parte. È superfluo, ma vale la pena ricordare che quelle zone di confine tra India, Pakistan del nord e Afghanistan, sono prive di vegetazione e anche la minima precipitazione è causa di frane e smottamenti pericolosi. A distanza di anni ricordare queste esperienze fa provare un'emozione che è difficile trasmettere. Ciò che è interessante notare è che Fury non si trovava lì per caso, non si va in posti simili per turismo. C'è qualcosa di invisibile che ci attira in certi luoghi, come un magnetismo che corrisponde alla nostra particolare personalità. Se però tentiamo di dare un significato al singolo evento il mistero non viene risolto. Il disegno va visto nella sua interezza poiché sarà quella che ci svelerà il motivo delle nostre scelte in apparenza senza significati. Le difficoltà che Fury stava incontrando lo avrebbero ripagato con un incontro veramente particolare, anzi unico nel suo genere. Lui non stava andando da uno studioso, da un erudito esperto di un particolare argomento, ma era in quel luogo lontano e inaccessibile per fare finalmente l'esperienza reale e vivente della presenza di un eremita. Questo motivo bastava a giustificare gli sforzi e i pericoli che stava incontrando. Forse mai come questa volta la legge della corrispondenza si rivelava vera e chiariva il suo misterioso potere di attrazione che a maggiori difficoltà avrebbero corrisposto maggiori ricompense. L'incontro con l'asceta che stava per avvenire rappresentava veramente qualcosa di diverso in termini di possibilità di crescita e segnava in modo netto il confine tra due mondi. Questi esseri non trasmettono un pensiero o una particolare filosofia. La loro presenza non parla alla mente ma emette dal cuore e verso di lui. Simili personaggi non sembrano nemmeno appartenere a questo mondo, malgrado diano l'impressione misteriosa di contenerlo. Osservandoli diffondono una sensazione di distacco come se si trovassero a distanza da ciò che accade. A quelle dimensioni silenziose tutto è messo opportunamente a riposo così da permettere l'ascolto di vibrazioni più sottili.

Fury era di fronte al mistico e attendeva ansioso il responso. Mai il ragazzo avrebbe immaginato di dover raggiungere un eremita per avere delucidazioni su argomenti e questioni che oramai erano diventate la sua stessa ragion di vita. A dire il vero lui non era molto convinto, perché dubitava delle facoltà intellettuali dello strano e misterioso personaggio, ma poi si decise e intraprese questo lungo e avventuroso viaggio per incontrarlo.

L'eremita era vicino ad un fiume, all'interno di una zona inaccessibile. Praticamente quasi nudo, sembrava non sentire freddo come se nulla lo potesse distogliere da ciò che misteriosamente poteva conoscere. Dal corpo emanava qualcosa di sovrumano, come una luce che però luce non era. Nei suoi movimenti vi era grazia e la mimica pareva seguisse una melodia che solo lui poteva udire. Quel luogo così lontano e selvaggio, dava l'impressione di completarsi e acquisire maggiore bellezza ospitando quella presenza. Nonostante la mancanza di contatti con il mondo esterno, quell'uomo sembrava a conoscenza delle leggi che lo governano. Le sue emanazioni superavano l'esile corpo per invadere la zona circostante ed unirsi spontaneamente alla natura che amorevol-

mente lo accoglieva e lo ospitava. L'insolito personaggio guardò negli occhi Fury con intensità ed immediatamente si creò una connessione senza precedenti, né ragioni apparenti. Un'empatia che superava la loro stessa presenza fisica, una risonanza oltre il tempo e lo spazio. Era avvenuto l'incontro delle anime, che fa gioire l'esistenza. Fury improvvisamente faceva la conoscenza, anzi l'esperienza per la prima volta dopo anni di ricerche, di qualcosa di semplice e potente nello stesso tempo. I precedenti incontri lo avevano appagato e arricchito ma adesso, di fronte a quest'uomo seminudo e senza fissa dimora, avveniva un vero e proprio capovolgimento. Qualche minuto di silenzio, o forse più e fece la domanda al mistico che aveva davanti sul significato della vita nella sua essenza più profonda. Seguì ancora un momento di silenzio, che sembrava non finire ed infine la risposta arrivò in questi semplici e precisi termini: "Non fare agli altri ciò che non vuoi fosse fatto a te è l'essenza della vita, tutto il resto e tutto quello che è stato detto e scritto su questo argomento è solo inutile estetica."
Questa è vera conoscenza e pienezza interna che rende felici. Questa è la risonanza armoni-

ca tra il soggetto e la sua essenza e tra l'essenza e la vita. Questa è la connessione tra la mente e il cuore e tra l'uomo ed il mondo. Questa in definitiva è l'intelligenza del cuore di cui Fury ormai coglieva il significato e l'essenza più intima.

Quei pochi attimi di fronte a quell'uomo fissarono definitivamente il significato più profondo di quelle verità che non possono essere spiegate ma solo vissute.

21

Il potere della musica

Quando l'amore ti incontra all'improvviso
tu sei dovunque senza muoverti

L'aereo toccava terra e quel contatto risveglia-
va improvvisamente Fury. Gli scali e i fusi
orari a cui si era sottoposto per raggiungere la
nuova destinazione, lo avevano messo a dura
prova. Una decisione all'ultimo momento e un
cambio di programma lo portavano a Kath-
mandu, in Nepal. La nuova pianificazione pre-

vedeva un avvicinamento ai contrafforti himalaiani con mezzi di trasporto locali e successivo spostamento a piedi di circa tre settimane attraverso alcune vallate, fino al campo base del Lang Tang Lirung, a circa cinquemila metri di quota. Il tutto naturalmente doveva avvenire con le dovute precauzioni onde evitare il famoso mal di montagna che ha quelle altezze può farsi sentire. Il precedente incontro con l'eremita lo aveva proiettato in una dimensione completamente nuova che lui non immaginava nemmeno potesse esistere. I personaggi sembravano lo stessero aspettando, come in un disegno magico più grande, che superava le sue stesse aspettative. Erano loro che davano significato e quel senso di direzione all'esistenza che precedentemente pareva avesse avuto le caratteristiche esclusive della casualità. Sentire l'immenso principio organizzativo dell'universo che comunica con noi attraverso gli avvenimenti che ci accadono, fa provare una sensazione indescrivibile. Il successivo incontro che lo aspettava, fissava definitivamente queste verità dentro di lui e lo riportava verso il sentiero e le sue scoperte con la fiducia di chi sa che sta andando nella giusta direzione. La sensazione che si prova è come quando ci si vede dal di fuori mentre si percorrono le linee di un diagramma magico. In questo cammino è necessario permettere alla riconosciuta coerenza superiore di realizzare il piano stabilito per noi. Fury andava al nuovo incontro con questo spirito e senza considerare la logica della mente, ma avendo fiducia in queste linee che solo lui poteva vedere. Come già avvenuto in precedenza con l'eremita, ora aveva la possibilità di incontrare un altro personaggio particolare. Lui non poteva assolutamente sapere quello che lo aspettava, ma qualcosa parlava al suo cuore e gli sussurrava che quella era la mossa giusta da fare. L'uomo non ha la conoscenza a priori, non può sapere che effetti avrà l'azione che deve ancora compiere, tuttavia qualcosa dentro di noi comunica con l'universo e ci guida verso ciò che corrisponde al nostro stato d'animo. È la famosa risonanza a collegare le parti corrispondenti di un disegno e a creare e chiudere misteriosamente i piani individuali collegandoli coerentemente a quelli universali.

Fury non riusciva a capacitarsi, non poteva credere ai suoi occhi; eppure gli incontri e i precedenti colloqui sembrava l'avessero abituato a questo tipo di esperienze. Adesso però di fronte a questo nuovo personaggio qualcosa presagiva sorprese inaspettate. La sensibilità del ragazzo non si sbagliava riguardo lo strano uomo che aveva davanti. La sua sola e semplice presenza, in un luogo solitario come quello, bastava a procurare una sensazione fonica intima inspiegabile senza precedenti; eppure lo strano fachiro era praticamente immobile e sembrava quasi non preoccuparsi che qualcuno lo stesse osservando. La sua postura faceva pensare alla stabilità e alla forza di una montagna. Il suo apparente non fare nulla procurava, comunque, a chi si fosse imbattuto in lui, una sensazione di invisibile attività intensa. Ma ciò che più colpì Fury fu l'inspiegabile melodia che circolava in quel luogo così remoto. Lui aveva iniziato da poco ad interessarsi di musica e di alcune leggi che la governano, ma ciò che stava avvenendo adesso era come qualcosa che superava gli stessi campi magnetici riguardo le vibrazioni e i suoni. Questo bastò a creargli una curiosità tale da farlo avvicinare al personaggio e chiedere chi fosse veramente e che cosa stesse succedendo intorno a lui. Ma poiché la risposta tardava ad arrivare, Fury fece un secondo tentativo e, quando era praticamente di fronte al fachiro, gli chiese: "Chi sei? Sei forse un Angelo o un Ghandarva? Da dove vieni e da dove viene questa musica invisibile che ti circonda?" L'eremita restò immobile senza nessun accenno di risposta. Poi, all'improvviso, come di ritorno da un altro mondo mosse le palpebre, aprì gli occhi e disse: "Sono solo presenza e null'altro. Non cercare troppe ragioni filosofiche per appagare la tua mente infantile. In questo preciso istante sono dove puoi vedermi e non dove penseresti che dovrei essere; non c'è un perché a tutto questo, è così e basta. Tu studi la musica e conosci le sue leggi, io sono un tutt'uno con la musica e con ciò che tu studi. Tra me e la musica non c'è distanza. Io sono la musica e la musica è me. Io permetto alla musica di vivere ed esprimersi, così come l'aria permette ad un corpo di respirare e parlare. Sono leggi che voi studiate, ma che non sentite, e questo basta a creare distanza. Sappi che la musica ha un potere magico, che va oltre qualsiasi inutile speculazione filosofica. Lei ha il potere di darti in un attimo ciò che un'intera vita di studio accademico potrebbe non farti capire.

Quando tornerai dai tuoi professori rammenta queste semplici parole: la musica ha preceduto e creato l'esistenza, così come voi la concepite; l'ha formata e strutturata in base alle proprie leggi armoniche sonore. Dalla più piccola foglia alla più grande galassia, il suono creatore ha informato e formato ogni forma vivente al suo messaggio. È lui l'intermediario tra noi e la luce primordiale e tu lo sai poiché conosci le influenze del sole e dei corpi celesti sull'uomo. Tutto questo immenso organismo cosmico si predispone ad amplificare il messaggio originario così da permettere a noi umani di riceverlo. Il sole, quale stella centrale del nostro sistema, non è semplicemente l'astro fisso e splendente come voi ingenuamente credete, ma è l'intelligenza superiore e divina per eccellenza e la porta d'accesso tra due mondi a diversa frequenza. I pianeti, dal canto loro, sono degli amplificatori intermedi, che lavorano all'equilibrio del sistema stesso e per il bene del tutto. E se proprio vuoi sapere qualcosa riguardo a te ed al tuo corpo fisico, sappi che anche tu sei la materializzazione di una vibrazione eterica sonora, ad una particolare frequenza, che arriva da un altrove, che nessuno può conoscere ma che attraverso l'ascolto può sentire. L'aspetto fisico visibile è la fedele conseguenza del nostro cosciente lavoro su questa nostra materia che si predispone secondo linee e vortici specifici da noi attirati. Ricorda, e non lo dimenticare per il resto della tua vita. In te non esiste nulla di sbagliato e nulla che sia fatto a caso; ogni organo lavora per la totalità e per il bene di tutto il corpo, pur restando nella sua particolare e specifica frequenza. Attraverso il lavoro consapevole il corpo biologico, se vuole, può allineare il suo ritmo a quello universale e condividere lui stesso la luce che lo ha originato. A differenza di voi umani, che cercate esclusivamente il vostro bene e poi lo pretendete dalla società in cui voi stessi vivete, il corpo umano ha un'armonia tale che la sola intelligenza non basterebbe a penetrare. Malgrado tu sia nato e costruito per restare all'interno di una particolare frequenza vibratoria, di tanto in tanto, attraverso una forte emozione o particolari esercizi, può avvenire nella tua coscienza una momentanea connessione con qualcosa che supera quel tipo di frequenza predestinata.

Devi sapere che la musica non è solo nell'uomo, ma è anche e soprattutto nell'universo e tutto in una sorte di continuità e armonia indicibili. Se la musica non fosse esistita noi saremmo abbrutiti e la nostra vita avrebbe perso in termini di bellezza. E ricorda ancora quest'ultima cosa fratello: non tentare di mettere per iscritto ciò che non può essere capito esclusivamente dalla testa, ma solo sentito attraverso l'esperienza totale del corpo, se non altro per non creare illusioni nei posteri. Il linguaggio, con cui noi ci esprimiamo comunemente, è limitato e non può portarti là dove la musica e l'arte in genere possono spontaneamente condurti. La musica, essendo universale, è oltre il tempo e lo spazio e non subisce le limitazioni della babele dei linguaggi. Questo dovrebbe bastare a farti capire il suo potere di connessione tra individui di culture apparentemente diverse. La risonanza, che tu stai sperimentando in questo momento, ha origine in una particolare vibrazione sonora che accomuna tutta l'esistenza e che può essere trasmessa, come in questo caso, tra due individui in perfetta empatia emotiva. Ma rammenta, non riguarda il capire come tu lo intendi. Se tenterai semplicemente di afferrare il fenomeno con la sola mente, ancora una volta ti sfuggirà la possibilità di vivere un'esperienza che supera l'intelletto. Lascia che la musica viva in te e tu improvvisamente ti ritroverai a vivere in essa, in un fremito senza precedenti, che la tua testa non può nemmeno immaginare. Addio."

22

Leggi umane, giustizia divina, armonia cosmica.

*L'amore è centro, ma quando si muove
crea la periferia, se tu ami percorri
un suo raggio e lo raggiungi.*

Nel frattempo le ricerche di Fury continuavano con sempre maggior intensità. Il contatto con il centro più intimo, lo aveva portato a conoscere le infinite e insospettate potenzialità nascoste nell'uomo.

L'ascolto della voce interiore, attraverso gli esercizi che lui praticava e che oramai erano parte della quotidianità, lo collegavano sempre di più con la sua vera essenza. L'incontro con l'aspetto più profondo della mente e l'inaspettata scoperta della zona buia, lo avevano condotto a vedere gli schemi di pensiero come ciò che veramente condizionano la vita degli uomini. In quell' area, dove si trovano le cause che determinano il destino di ognuno di noi e la possibilità di integrare il tutto in vista di un fine superiore, gli aprivano nuovi campi di ricerca e lo stimolavano sempre di più a lavorare in quella direzione.

Intanto lo studio e gli incontri con personaggi particolari, lo avevano convinto che il disegno che c'era dietro la sua personale ricerca non era casuale ma presentava quella sincronicità, caratteristica universale scoperta dalla fisica e riconosciuta anche dalla religione. La possibilità di equilibrare il necessario intelletto, con la cosiddetta intelligenza del cuore, lo avevano portato ad affrontare il nuovo argomento dell'armonia cosmica e della giustizia, che in questo momento avrebbe rappresentato quel tassello ideale per completare il quadro di una ricerca iniziata molto tempo prima e orientata esclusivamente verso la conquista della ricchezza e della felicità materiali. La possibilità di ampliare la sua visione, da terrena ad universale, lo richiamava ad un ulteriore avvicinamento a quel mondo delle cause, che tanta attrazione aveva esercitato sugli esseri umani fin dalla notte dei tempi. Fury era veramente affascinato da questo argomento, così decisivo e vitale, poiché vedeva quanta importanza aveva avuto non solo nella sua vita, ma anche in quella dell'intero genere umano. A ben vedere, l'uomo aveva tentato fin dalla sua comparsa sul pianeta, di creare una certa coerenza nella vita, sia individuale che collettiva, tale da propiziare le condizioni di un'esistenza felice, pacifica e ordinata, ma purtroppo, come molti potevano testimoniare, nella maggior parte dei casi il tentativo, nonostante la buona volontà, non sempre si era realizzato.

Il viaggio successivo e il conseguente incontro che stava per avvenire gli avrebbe fornito la risposta e permesso di ampliare il concetto oltre i semplici limiti umani e terrestri.

Non è bello ricevere una telefonata la mattina alle 5 e 30, specie se si è appena cominciato un esercizio di rilassamento ed è indispensabile non essere disturbati, ma mai come questa volta, Fury doveva ricredersi. Dall'altra parte del telefono, la voce di un vecchio e caro amico, esperto di piante officinali, esordiva e si esprimeva con una frase diretta, che non lasciava scampo all'ascoltatore. "Ti ho prenotato un volo per Salonicco; dopodomani mi devi raggiungere sul Monte Athos al monastero cipriota. Stiamo allestendo un'erboristeria con un gruppo di medici e naturopati italiani. Fai il possibile per venire, è un'occasione unica, avrai la possibilità di conoscere alcuni saggi ed eremiti del luogo. Ti aspetto, ciao".

Fury era di nuovo in crisi; improvvisamente gli si prospettava un viaggio speciale che lui non poteva perdere. Il tempo a disposizione per prepararsi era veramente poco, ma in cuor suo già sapeva che ce l'avrebbe fatta. Così fu. Dopo 24 ore era all'imbarco di Ouranopolis, in Grecia, pronto a raggiungere i suoi amici esperti d'erbe.

Gli occhi del monaco avevano la profondità dell'abisso e davano la sensazione di penetrare anche i muri della piccola e vecchia cella. La lunga barba incolta, sembrava essere la continuazione dei capelli, lasciati naturalmente sulle spalle. La prima impressione che trasmettono simili personaggi, insieme con la loro profondità e saggezza, è quella di una semplicità e di un senso di pace fuori dal comune. La loro presenza in un luogo magico come quello, fa sentire superfluo ed inutile qualsiasi tipo di discorso intellettuale, seppur ben preparato e articolato. Insieme a questa millenaria presenza umana, le migliaia di immagini sacre, che riempiono questa mistica e protetta penisola, rimandano a qualcosa di ancestrale e fuori dal tempo, che non trova vocaboli appropriati per essere raccontato e descritto.

L'incontro, che stava per avvenire, confermava e concludeva un quadro che solo adesso, finalmente, poteva considerarsi completo.

MONACO - Prego, accomodati; bevi un po' d'ouzo

FURY - Grazie. È una fortuna e un piacere poter parlare con lei in italiano.

MON - Puoi darmi del tu; mettiti a tuo agio. Di cosa t'interessi? Sei un erborista?

FURY - No, sono un ricercatore.

MON - Che cosa ricerchi?

FURY - Cerco la felicità e la ricchezza.

MON - Non sei il solo. Ricordati però ragazzo, sei sul Monte Athos. Qualcosa ti ha spinto qui e questa attrazione non si può spiegare esclusivamente e semplicemente come l'effetto e la risultante di forze magnetiche e leggi fisiche. E' vero che all'inizio c'è stata una volontà, che ti ha fatto muovere verso di noi. Una linea invisibile ha creato una traccia, che tu poi sei andato a percorrere. L'invisibile segna la realtà con misteriose linee geometriche, che tu, però, almeno per ora, non sei nelle condizioni favorevoli di vedere. Ma come ti dicevo prima, se sei arrivato qui, per forza di cose, qualcosa dentro di te si è predisposto ed ha risuonato con le energie visibili e invisibili che questo luogo emana. In questi eventi sincronici non c'è il caso, come tu potresti pensare. È probabile che non sia nemmeno la prima volta che tu visiti questa montagna; chi viene qua c'è già stato.

FURY - Quando?

MON - Non lo so. Forse in un lontano e dimenticato passato. La tua permanenza da noi in realtà, rappresenta una tappa intermedia necessaria nel tuo cammino verso la meta che vuoi raggiungere. Devi sapere che anticamente, soprattutto nella nostra cultura, quando si trattava l'argomento destino si parlava di Moire.

FURY - Cosa sono?

MON - La Moira, nella mitologia è un ente predisposto a tracciare il percorso della nostra specifica anima. Sono loro che in un certo senso, segnano le trame dei destini degli esseri umani. Le Moire sanno tutto di noi e del nostro passato e sono in grado di stabilire con assoluta giustizia la linea che ognuno dovrà percorrere in questa vita presente. Questi enti, insieme con altre sorelle segnano e mantengono la ritmica non solo individuale ma anche cosmica, sottomettendo anche gli dei e stabilendo l'ordine e l'equilibrio universali a cui l'uomo per il suo bene allinearsi. Quello che è importante ricordare è che, nonostante la loro potenza, queste entità non possono costringerci a muoverci sulle trame che loro ci predispongono. La capacità di vedere ciò che le Moire e altri enti simili hanno preparato, dipende da noi, dal grado di consapevolezza e dalla capacità e volontà di essere fedeli alla nostra essenza. Seguire quelle linee invisibili significa rispettare la legge e rappresenta il coraggio di allinearsi alla propria vocazione più profonda. In ultima analisi, ascoltare le Moire significa assoggettarsi liberamente e spontaneamente ad un'istanza superiore, alla chiamata interiore e fluire nella coerenza che allora non sarà più solo individuale ma cosmico - universale. È come permettere di lasciarsi guidare da una coscienza più alta, che ci supera e va oltre di noi. Lo stesso fenomeno accade in geometria quando un segmento si pone momentaneamente all'interno di una linea infinita coincidendogli esattamente e partecipando per qualche istante alla sua natura incommensurabile. Affinché si realizzi questo evento è necessaria la fede e lasciarsi andare alla provvidenza, ad una fiducia non più semplicemente personale. Un episodio particolare, una combinazione o una coincidenza non riguardano un singolo essere umano, ma un disegno superiore espresso attraverso questa coerente geometria universale che, per il suo carattere stellare, resta ignota anche agli individui che la stanno vivendo. Questi eventi speciali sono al di sopra della semplice volontà e del modo di pensare della persona. Può comunque accadere, di tanto in tanto, di sentire questi misteriosi piani divini e registrare qualcosa nella nostra vita, che per effetto di queste risonanze, si accrescerà di significati particolari. Quindi non è semplicemente facendo soldi o conquistando la ricchezza che ci realizziamo, ma è quando allineiamo l'obiettivo personale alla vocazione interiore che raggiungiamo il vero scopo della vita. Quello che ti sto dicendo, fratello, non sono concetti astratti, ma reali, più reali della tua stessa vita, poiché determinano il tuo futuro. Nonostante l'insensibilità ai segnali emessi da loro nei nostri confronti, gli enti superiori restano comunque una presenza invisibile nascosta che influenzerà le scelte e le azioni nell'attuale vita.

FURY - La seguo e cerco di capire.

MON - Non c'è nulla da capire. Questa è la fortuna. Sei dentro la tua vita e segui il flusso che lei ti prepara. Poiché hai fatto delle scelte le tue intenzioni hanno proiettato e segnato un percorso creando le linee del tuo destino, su cui tu ora stai avanzando. Hai detto che sei alla ricerca della ricchezza e della felicità. Qui potresti avere buone possibilità di trovare persone felici e realizzate, ma la ricchezza.... Non so.

Dimmi, cosa intendi per ricchezza?

Questa domanda semplice e diretta prese in contropiede Fury e lo fece restare un attimo a pensare. La personale ricerca, a questo punto della sua evoluzione, era cambiata, perché aveva perso la connotazione iniziale e si era arricchita di nuove caratteristiche essenziali, che avevano poco a che fare con piaceri inutili e superficiali.

MON - Lo sai che il concetto di felicità è connesso con quello di pace e giustizia? Se sei giusto e rispetti le leggi, puoi aspirare alla felicità. Ci sono delle gerarchie inscritte nell'universo che l'uomo deve onorare, per il suo bene e per quello degli altri. Così come la verità precede la bellezza e l'estetica, la pace e la giustizia vengono prima della ricchezza e della felicità che tu stai cercando. Creando questa luce dentro di te, fluirai in armonia con l'esistenza amica e potrai raggiungere i tuoi obiettivi.

FURY - Capisco quello che vuole dire. In questi pochi giorni, che sono stato vostro ospite, ho costatato che tutta l'organizzazione monastica si regge sul rispetto di regole e codici millenari ben precisi.

MON - Le leggi permettono di vivere in pace e realizzano la giustizia, ovunque le si applichi.

FURY - Che cos'è la giustizia?

MON - La giustizia è la base di una società, così come il cuore e i polmoni sono il centro vivente del corpo umano, senza la quale sarebbe impossibile vivere. Porre come fondamento la giustizia è un po' come quando costruisci una casa, la tua casa, e crei le basi dove dovrà edificarsi la tua nuova dimora. Questo momento è decisivo per il futuro dell'intera struttura e della vita di chi vi andrà a vivere.

FURY - Come mai l'essere umano, nonostante le continue esortazioni da parte dei saggi, non è riuscito a realizzare un valore così importante?

MON - C'è bisogno di coraggio per andare a vedere i propri errori e spesso l'uomo non ne ha, o considera superflua questa necessaria introspezione. Realizzare la giustizia è importante, ma osservarsi con attenzione lo è ancora di più per non ripetere gli stessi comportamenti e atteggiamenti che non hanno permesso il progresso dell'umanità e causato disgrazie e sofferenze inutili. Quando noi siamo ingiusti e commettiamo errori, a volte diamo la colpa a qualcuno, altre volte, sempre inconsciamente, pensiamo che sia dovuto al caso o al destino che non era possibile cambiare. In realtà il nostro destino presente è una conseguenza di una causa che abbiamo innescato in precedenza.

FURY - Perché lei dice che ci vuole coraggio all'introspezione e all'osservazione di se stessi?

MON - Perché non è facile tornare a vedere ciò che si è fatto quando si era praticamente privi di coscienza e pressoché meccanici.

FURY - Come si fa?

MON - Con la preghiera e con il cuore. Si torna a vedere e a dare presenza, presenza totale a noi stessi e con tutti noi stessi a quei momenti che hanno generato i nostri comportamenti irresponsabili e poco illuminati.

FURY - C'è qualche tecnica speciale che voi usate?

MON - No, non c'è nulla di particolare da fare. Ripeto, è la preghiera e la fede che permettono di trovare il coraggio di stare lì, con se stessi, per il tempo necessario che serve ad integrare le difficili esperienze vissute. Ad ogni modo, devi sapere che le difficoltà e le prove ci fanno crescere e tutto ciò che avviene è per il nostro bene e soprattutto per la nostra evoluzione. Il sistema cosmico sta evolvendo e vuole portarci con lui verso la sua stessa meta. Quando noi consideriamo un'esperienza negativa o brutta, nella realtà vediamo solo una parte di quello che sta accadendo; se qualcosa succede, dovrà pur esserci un motivo. Noi, da parte nostra, siamo coloro che hanno provocato quell'evento. Spesso le cause vengono attivate inconsciamente e senza nemmeno rendercene conto. Lo scopo dell'esistenza, comunque, resta sempre l'evoluzione, individuale e planetaria. L'essere umano non può essere abbandonato dall'intelligenza cosmica e se ha bisogno di un'esperienza difficile, come quella che decide di attraversare, quell'intelligenza superiore permetterà che ciò avvenga per il suo bene, ma restiamo comunque sempre noi a decidere il nostro destino.

FURY - Che cosa succede quando ti osservi?

MON - Quando ci osserviamo avviene qualcosa di particolare; osservandoci portiamo luce a ciò che stiamo considerando. Il fatto stesso di dare tempo e importanza al nostro vissuto difficile, porta inaspettatamente la necessaria luce, che ridurrà la drammaticità dell'evento stesso. Tornare indietro non significa restarci.

Si torna indietro, si proietta un raggio di luce, si osserva e poi si torna al presente. Dopo un certo periodo, è possibile vedere, praticando questa regressione cosciente, che molto di quello che è avvenuto nella nostra vita era necessario e serviva a farci   vivere ciò che in altra maniera non sarebbe stato possibile capire e sperimentare. Volevo ricordarti che nel suddetto processo d'osservazione di se stessi, va evitata l'eventualità di identificarsi con ciò che ci ha fatto stare male. Intendo dire di non caricare ulteriormente d'importanza ciò che si cerca di ridimensionare e riportare al suo giusto posto. Dobbiamo permettere, alla nostra anima, di osservare gli eventi e dargli il tempo necessario ad integrare ciò che per ora la nostra personalità non riconosce o, peggio ancora, vede come possibile sofferenza e non accetta. Nell'osservazione di se stessi, va vista anche la possibilità di reprimere ciò che non vogliamo responsabilmente vedere. Reprimere è naturale e facile. Ti ricordo che quando reprimiamo non superiamo il problema, ma lo nascondiamo nella nostra zona buia. Un atteggiamento simile viene alla luce quando qualche evento triste e difficile della vita, fa riemergere la nostra parte inconscia. Al quel punto, purtroppo, si potranno soltanto osservare gli effetti devastanti di quelle energie mal gestite.

FURY - Secondo lei, chi ha creato la sofferenza e per quale motivo?

MON - Chi ci ha creato ci vuole bene e non può averla creata, per il fatto stesso che noi siamo suoi figli, e nessun padre vuole che suo figlio soffra. Ma la sofferenza, come la malattia, va vista da un'altra ottica; la sofferenza è maestra, ma non è sempre necessaria. Siamo noi che l'attiriamo e ne favoriamo il processo quando abbiamo bisogno di fare certi tipi di esperienza. La sofferenza è neutra; è l'essere umano ad attivarla, con la sua inconsapevolezza. Non è scritto da nessuna parte e non è nemmeno predestinata la necessità di dover soffrire a tutti i costi. Si soffre quando ci si allontana dal proprio centro e il dolore necessario, che sentiamo, cerca in un certo senso, di riportarci verso quell'asse di vita, che ha come caratteristica l'equilibrio e la felicità. Più ci allontaniamo da noi stessi, più siamo incoscienti, più dimentichiamo la nostra missione cosmica e terrena e più soffriamo. Per questo diciamo che la sofferenza non è cattiva, ma è maestra, maestra di vita e oltre.

FURY - Mi sembra di intuire che il suo concetto di giustizia e felicità non è ridotto alla semplice legge umana, ma vada oltre, e si integri con un ideale di armonia cosmica che gli corrisponde.

MON - Devi sapere che tra l'uomo e l'universo esiste una connessione intima, visibile ed invisibile. La corrispondenza tra noi umani e il mondo in cui viviamo è tale che il cosmo stesso addirittura penetra in noi con leggi e modalità che, il più delle volte, sfuggono alla nostra stessa capacità di comprensione. Sempre secondo tale legge, anche l'essere umano con il suo organismo fisico, penetra nel più grande organismo cosmico in una sorta di continuità ritmica vivente senza interruzione alcuna.

Le nostre pratiche d'ascesi e preghiera lavorano per farci vedere questo immenso e perfetto meccanismo, dove ogni singola parte gioca il suo fondamentale e necessario ruolo a favore dell'armonia universale. L'essere umano, come ultima espressione della creazione, non può restare indifferente a questo grande evento cosmico, che gli si dispiega davanti, poiché lo coinvolge e lo esorta a prendere atto del mondo circostante così perfettamente e armoniosamente organizzato.

Questa nuova consapevolezza ampliata e non solo terrena conduce a nuove possibilità di risoluzione di problemi, che da sempre affliggono l'umanità. Se gli esseri umani, nel passato, non sono riusciti a realizzare i propositi di pace, giustizia e felicità, è perché erano troppo concentrati su loro stessi, in termini semplicemente umani e terreni. Questa limitazione auto imposta avrebbe avuto l'effetto di allontanarli da una visione più vasta e li avrebbe, in un certo senso, condannati a cercare la risoluzione di quei problemi laddove non era possibile trovarla. Ti sei mai chiesto perché mai la terra in cui viviamo, e il più vasto sistema solare che ci ospita, debba essere così perfettamente e armoniosamente organizzato e invece noi umani, quale particella più piccola corrispondente ad esso, non dovremmo riuscire a corrispondergli? Se è vero, come stiamo dicendo, che c'è corrispondenza tra noi e il grande essere che è l'universo in cui viviamo, e se è vero che quest'immenso organismo cosmico vivente, di cui siamo parte, è così ben organizzato, perché non dovremmo esserlo anche noi? Che cosa c'impedisce di creare i presupposti viventi d'equilibrio, giustizia e fratellanza? Perché non dovremmo vivere in pace, visto che tutto il sistema, che ci sta ospitando e ci governa, realizza e tende verso l'armonia con tutte le sue forze nei suoi immensi movimenti planetari? Come abbiamo potuto dimenticare la terra e il più grande sistema che la ospita e ha dato dimora ai nostri padri e li ha accuditi?

Non dimentichiamo che noi proveniamo da questi immensi cieli stellati e li forse un giorno ritorneremo e ci rincontreremo. Nel frattempo siamo chiamati qui a realizzare, nella misura in cui ci è possibile, lo stesso mondo di pace e giustizia, che ci ha creato, ci guida e ci sovrasta. La nostra è una missione, se questo modo di considerarci può esserci d'aiuto; e se ci troviamo a vivere su questo benedetto pianeta, ci sarà pure un motivo. Troppo abbiamo combattuto tra di noi e troppo abbiamo sofferto inutilmente. Forse, adesso, potremmo veramente dire basta e ricominciare a vivere dignitosamente e con rispetto, ma realizzandolo dal cuore. Troppi massacri in nome di dogmi e idee che non sono nostri ma che appartengono solo ad una mente limitata e paurosa, che altro non ha fatto che continuare per millenni a ripetere gli stessi errori, che non ci hanno portato da nessuna parte. È possibile che non riusciamo a vederci per quello che veramente siamo oltre i nostri limitati schemi condizionati e condizionanti? Andiamo, una volta per tutte, a vedere con coraggio questa parte di noi stessi, che ha ucciso i nostri stessi fratelli, perché si credeva nel giusto. Chiudiamo i rifornimenti alla mente critica, che altro non conosce se non i difetti del prossimo e dimentica i suoi. Portiamo un raggio di luce là dove da troppo tempo hanno regnato l'oscurità e la paura. Diamo la nostra attenzione a questa zona repressa che agisce inconsapevole a nostra stessa insaputa e aiutiamola ad integrarsi nel grande gioco della ritmica pulsante della vita. Facciamo attenzione a non andarci con il solito e inutile senso critico giudicante, che tante conseguenze negative e devastanti ha avuto e continua ad avere sull'umanità. Proviamo, se può esserci d'aiuto, con tutte le nostre forze, ad ascoltare i messaggi di quegli esseri illuminati, che con il loro sacrificio e per loro libera scelta, ci hanno trasmesso un messaggio universale, che era di tutti indistintamente e non solo retaggio esclusivo di qualcuno in particolare o di qualche popolo specifico.

FURY - Lei, dunque, mi sta dicendo che la risoluzione del problema può arrivare da un'eventuale maggiore attenzione verso il sistema più vasto di cui facciamo parte.

MON - È necessario, a mio avviso, riconsiderare il tutto da una prospettiva più ampia, cosmica e cosmico - individuale, per far sentire veramente ciò che santi e mistici di ogni tempo, intendevano riguardo alla nostra connessione ed eventuale armonizzazione con l'universo. Non fraintendermi, ciò che ti dico non riguarda una filosofia o un'astratta ingenua utopia; quello che ti sto proponendo è un processo che contempla un tentativo cosciente di sentire ed un eventuale successivo predisporsi secondo leggi ritmiche, non più semplicemente individuali e terrene, ma universali e cosmiche. Significa, in definitiva, allargare la nostra coscienza oltre i soliti e conosciuti concetti esclusivamente utilitaristici a noi tanto cari nella nostra era.

Una corretta predisposizione verso se stessi crea un giusto rapporto con l'ambiente corrispondente circostante e favorisce l'attenzione a quei mondi più vasti e meglio organizzati che, a questo punto, farebbero da modello qui sulla terra. Come vedi, ancora una volta, è dall' interno che va fatto il primo passo verso un nuovo modo di considerare se stessi e la vita. Portando un cambiamento dentro di noi, la percezione dell'esistenza si amplia e si allinea a mondi più estesi.

FURY - Mi perdoni, è bellissimo quello che lei mi dice, ma mi pare troppo difficile da realizzare.

MON - Nella vita, se hai volontà, nessuna realizzazione è impossibile. Forse avrai avuto modo di sapere che qui da noi alcuni eremiti riescono a stare senza cibo per molti mesi e nessuno sa come possa essere possibile una cosa simile. Accadono anche altri eventi particolari, che ora però non posso raccontarti. Ricordati, fratello, che la forza della fede è capace di spostare le montagne.

FURY - C'è stato un periodo in cui gli uomini hanno realizzato la giustizia e sono vissuti in pace e felici?

MON - Forse in un lontano passato, come alcune leggende riportano, ci furono periodi relativamente lunghi di pacifica convivenza tra noi esseri umani, ma per il resto, purtroppo, la nostra esistenza è stata praticamente quasi sempre segnata da continue guerre e sofferenze.

FURY - I governi di tutto il mondo cercano di fare il possibile per assicurare la pace.

MON - Come l'armonia, di cui ti accennavo prima, così la pace non è realizzabile in un qualsiasi paese se prima non si realizza dentro di noi. Le leggi sono necessarie, ma è sull'uomo che bisogna lavorare per tentare di armonizzarlo al ritmo universale. Gli antichi, al riguardo, erano maestri in questi delicati argomenti.

FURY - Qual era l'essenza di questa loro conoscenza?

A questo punto il monaco fece un sospiro, cambiò posizione e, con sguardo grave verso il soffitto, restò un attimo in silenzio come in attesa di un misterioso messaggio che forse solo lui ne conosceva l'origine. Fury in quel momento ebbe una strana impressione, come se quello che il monaco gli stava dicendo avesse una provenienza esterna a lui. Un punto o un luogo in cui la mente inspiegabilmente contatta qualcosa di universale, oltre di lei. Sono sensazioni difficili da spiegare che sfuggono ai nostri normali parametri di valutazione. All'interno di quella cella sembrava come essere proiettati fuori dal tempo. Ogni dubbio, ogni interrogativo, ogni problema, trovava la risoluzione spontaneamente, senza costrizioni, né forzature. Ancora qualche attimo e il monaco ritornò in lui e riprese a parlare con rinnovato vigore.

MON - Dicevamo?

FURY - Degli antichi e dei loro segreti.

MON - La tradizione riporta nelle leggende e nei miti, l'esistenza di una forza misteriosa, che nel suo lento e continuo scorrere segna l'equilibrio ritmico dei movimenti grandi e piccoli di tutte le forze in gioco. Un tale equilibrio vitale ha la specifica caratteristica di essere non solo armonioso, ma anche propositivo e direzionale verso uno scopo preciso, che l'essere umano può, con la sua libera volontà, tentare di armonizzare alla sua esistenza terrena. A questo punto, per la ragione stessa di questo collegamento con un sistema superiore, la vita assume caratteristiche non più specificamente e semplicemente umane ma, come dicevo prima, universali. È normale la difficoltà del solo processo intellettivo umano a penetrare un'idea del genere, ma noi dobbiamo sapere che non siamo solo questo semplice ragionare, o meglio, siamo questo necessario ragionare nella misura in cui ci identifichiamo con la nostra mente, ma siamo anche e soprattutto qualcosa che va oltre.

Sentire le forze in gioco invece di tentare di capirle è veramente ciò che distingue l'uomo semplicemente terreno, dall'uomo universale e cosmico. Dire che una forza invisibile agisce nel cosmo, lo equilibra, lo giustifica e lo armonizza ad un fine superiore tale da permettere l'esistenza nostra e del tutto, è qualcosa che richiede non solo ragionamento, come noi lo intendiamo, ma anche e soprattutto una fede e un'intuizione che va oltre il tempo e lo spazio. In definitiva, si sollecita a mettere in gioco tutte le facoltà latenti, di cui l'essere umano dispone, che non sono solo quelle dell'organo cerebrale. La possibilità che dà questa nuova prospettiva è di ordine anche pratico, con conseguente riduzione, da parte dell'uomo, di voler modificare il mondo così armoniosamente costituito, poiché il cambiamento vero ed essenziale è avvenuto dentro di lui.

Ad un certo punto il monaco si bloccò di nuovo e con sguardo preoccupato si voltò verso il suo ascoltatore e, con maggiore vigore, disse: Ti rendi conto che questi comportamenti disarmonici hanno portato l'uomo ad imporre all'ambiente circostante cambiamenti inutili in funzione di un concetto mentale limitato a se stesso? Cercare di cambiare e modificare, a tutti i costi, l'ambiente e l'esistenza secondo i nostri parametri ha causato danni irreversibili. Dal canto loro, nel frattempo, le forze in azione nella natura, che cooperano per il nostro bene e per l'armonia del tutto, restano fedeli e veritiere, ed esprimono e materializzano, secondo degli schemi di giustizia assoluta, precise forze superiori a lei stessa. Hai mai provato ad immaginare la gioia che può darti il semplice sentire la potente e propositiva forza creativa in azione nella natura? La musica, solo per darti un esempio, è ciò che precede tale materializzazione strutturata. Lo stesso discorso riguarda i colori. Queste sono forze che nello specifico canalizzano e amplificano alla loro particolare e necessaria frequenza, il flusso che ricevono per proiettarlo, carico della nuova caratteristica acquisita, verso i mondi successivi. Il fatto che l'essere umano è nella condizione di sentire solo alcuni suoni e vedere solo pochi colori, non può e non deve fargli credere che non esistono altri suoni ed altri colori oltre la sua limitata capacità di percezione. Se ci comportiamo così, riduciamo la vita al nostro piccolo ego, che crede di sapere tutto, ma non vede nemmeno se stesso e le sue limitazioni, in quanto incapace di abbracciare l'immensità dell'esistenza, di cui lui è solo una piccola parte.

FURY- Due anni fa ho incontrato un grande scienziato esperto di astronomia e mi ha parlato dell'equilibrio nel cosmo e della sua importanza. Voi religiosi credete siano così importanti simili argomenti?

MON - L'equilibrio, di cui tu parli, scoperto e apprezzato di recente anche dagli scienziati, era già conosciuto dagli antichi di tutte le grandi tradizioni. La scienza che ne è derivata e che, per nostra fortuna, è arrivata fino a noi, anche se in forma parziale e ridotta, non è qualcosa a cui credere o non credere liberamente, come ad un dogma qualsiasi. Quella dell'equilibrio è la legge stessa della vita e del sistema di cui noi siamo solo una piccola parte. È il grande organismo cosmico, che ci ha preceduto ed ha creato i presupposti necessari perché noi potessimo vivere secondo leggi specifiche e giuste. Tutti i sistemi di questo organismo, dalla più piccola molecola alla più grande galassia, si allineano al messaggio originario, così da creare una sorta di continuità armonica, senza nessuno escludere. Se un ente intermedio, come il nostro sistema solare, si trovasse, ad un certo punto della sua evoluzione, a non essere in fase con gli altri o deviasse il suo percorso, tutto il sistema nella sua totalità, verrebbe automaticamente informato e creerebbe i presupposti per riallinearlo e riportarlo alla sua specifica frequenza. La conseguenza sulla terra di questi aggiustamenti celesti necessari, causerebbero sconvolgimenti, che all'uomo potrebbero apparire come ingiusti e immotivati.

Fino a quando la nostra visione resterà pressoché esclusivamente terrena, non vi sarà modo di spiegare i motivi di alcuni eventi che l'essere umano deve inevitabilmente subire; si vedrà allora un'ingiustizia in ciò che avviene, poiché saremo incapaci di vedere le cause, subendone comunque gli effetti. È facile dire che tutto nell'esistenza avviene secondo giustizia, ma accettarlo e vedere con una visione più ampliata è molto più difficile. Non dimenticare che, sempre secondo le leggi della corrispondenza, l'essere umano è una sintesi, un microcosmo del più grande sistema di cui fa parte, il macrocosmo. Quando, finalmente, la predisposizione interna, intima dell'individuo sarà cambiata, la situazione esterna che gli corrisponde si alleggerirà automaticamente. I cambiamenti sono possibili in funzione di una trasformazione di identità. Non possiamo pretendere un mondo diverso prescindendo da una simile verità.

Questa trasformazione riguarda la nostra responsabile evoluzione verso l'ambiente che ci ospita, verso il prossimo con cui ci relazioniamo, ma soprattutto verso di noi e verso i sistemi più vasti di cui prima ti parlavo. Abbiamo, purtroppo capovolto le cose e ci siamo gettati a capo fitto nel tentativo disperato e disgraziato di voler ridurre tutto e tutti alla nostra limitata visione dell'esistenza. L'ambiente in cui viviamo e di cui siamo ospiti non è un oggetto inanimato da controllare e modificare a nostro piacimento; dato che ci corrisponde, è parte di noi e abbiamo l'obbligo, per il nostro bene, di proteggerlo e rispettarlo con tutte le forze a nostra disposizione. Fare questo ne vale della nostra stessa vita e futura permanenza, non lo dimenticare. La stessa legge dell'universo, di cui ti parlo, equivale alla legge che regola il corpo umano.

FURY - Come mai in un sistema così armonico noi ci ammaliamo?

MON - Quando il corpo di un essere umano si ammala, non è perché qualcuno voglia farci del male. Ci ammaliamo perché usciamo dall'asse che equilibra il nostro corpo fisico. È un po' come quando un astro devia di qualche grado dal suo asse di rotazione e crea uno slittamento con inevitabili conseguenze su se stesso e sul sistema di cui fa parte. In questo non c'è ingiustizia, come a prima vista potrebbe sembrare, al contrario, in questo tipo d'intervento e tentativo di riallineamento, va vista una giustizia di ordine superiore, che non riguarda esclusivamente l'individuo o il pianeta in questione. Tutto avviene per non perdere il più importante e necessario equilibrio generale. In realtà, è la nostra incoscienza che ci porta a perdere l'armonia che ci è stata donata e la malattia è l'inevitabile e necessario intervento per riportare il naturale percorso sull'asse che ci sostiene.

A completare l'argomento, visto che ti ho accennato alla malattia, tieni presente che qualsiasi scompenso fisico ha origine in generale nell'invisibile e più in particolare nello psicologico. In futuro tutto ciò che riguarda la cura del corpo fisico dell'uomo, non potrà essere disgiunto dalla cura della sua parte psicologica corrispondente. Se ti accenno alla malattia è perché ti voglio ulteriormente sottolineare le affinità esistenti tra noi e l'universo. Potrebbe apparirti utopistico, ma mi sembra d'obbligo, adesso, concludere l'argomento con un pensiero che a me non pare per nulla fuori posto. Ora ascoltami, ragazzo, ascolta bene quello che ti sto per dire. Se noi vivessimo in un mondo giusto e fossimo allineati consapevolmente a questa realtà, la malattia non avrebbe motivo di esistere. Così come le ingiustizie, la malattia, per ora, al nostro grado di evoluzione è necessaria e ci fa da maestra. Mentre ti dico questo, sento compassione nel mio cuore e nutro speranza che queste limitazioni vengano superate. Noi siamo stati creati per vivere e non per ammalarci e poi morire; ma se ora subiamo questo, dovrà pur esserci un motivo. Finché combatteremo gli effetti di quello che avviene senza tornare alla causa, non sarà possibile guarire veramente.

FURY - Come abbiamo potuto subire una deviazione simile?

MON - Perché l'essere umano, allo stato attuale, vede solo ed esclusivamente il corpo fisico. Non è un errore, ma non dimentichiamo che il corpo è soltanto una parte della realtà. Ha la sua importanza ma non è tutto.

FURY - Che cos'è il corpo?

MON - Il corpo umano, come emanazione, è il miracolo e la risultante perfetta di quegli stessi elementi che andranno a formare magistralmente la terra e il cosmo, combinato in maniera mirabile e perfetta. L'uomo può costatare questa evidenza, senza comunque spiegarla razionalmente, poiché non ha né i mezzi né le capacità per penetrare completamente un mistero così vasto. Come il cosmo è stato creato secondo le leggi dell'armonia e della giustizia, così noi uomini siamo costruiti secondo gli stessi schemi. Il fatto che, a volte, non riconosciamo questo giusto ordine precostituito e subiamo gli inevitabili contraccolpi necessari a riportarci sulla retta via, non deve farci vedere una crudeltà. Quando noi siamo ingiusti è per nostra libera scelta che lo facciamo e non perché qualcuno ci costringe ad esserlo. Siamo noi che decidiamo il nostro destino e siamo noi che scegliamo le esperienze necessarie alla nostra evoluzione. Se, ad esempio, facciamo una guerra, non è stato nessuno, al di fuori di noi, a fare questa scelta scellerata; e per quanti saranno i motivi, storici o politici, a giustificare

questi tristi eventi, resta comunque vera una
sola cosa dietro una simile scelta: la sofferenza.

FURY - Esiste qualche altra strada meno
drammatica di quella seguita fino ad ora?

MON - Non so, ma spero che non debba esserci ancora bisogno di soffrire per capire. Non è
necessario essere dei saggi o dei monaci per
comprendere che molto di quello che stiamo
facendo ora non serve a nulla, se non ad arricchire il losco commercio dei trafficanti d'armi
senza scrupoli. Le conseguenze di questi conflitti vedranno pochi esseri umani arricchirsi e
molti morire in nome di ideali che mai giusti-
ficheranno il sacrificio di tante povere vite
umane.

FURY - Che ne pensa delle guerre di religione?

MON - Le guerre non sono e non saranno mai,
come si vuol far credere, di origine religiosa;
chi fa la guerra è l'uomo e non la religione. La
religione non può fare e non farà mai vittime, a
meno che non subisca una deviazione tale da
creare simili catastrofi. La verità che contraddistingue un sistema religioso, per sua stessa
natura, non è compatibile con eventi che ten-
dono ad offendere l'umanità. Se il passato,

purtroppo, ha dimostrato il contrario, ciò è avvenuto perché in alcuni periodi le limitazioni di pensiero erano tali da giustificare anche le più atroci persecuzioni verso chi non si allineava a quei sistemi.

FURY - Che cos'è la guerra?

MON - La guerra è una perdita di coscienza degli esseri umani, un allontanamento dalla loro stessa essenza che li contraddistingue; un uscire dall'asse che li equilibra. Non dimenticare che non tocca a noi giudicare chi è da condannare, specie se questo nostro giudizio ha origine semplicemente umana. Resta comunque qualcosa inscritto nell'universo e nell'interiorità degli uomini, a richiamare continuamente al rispetto del prossimo e al giusto modo di vivere. Dove potremmo trovare, diversamente, i motivi che spingono gli esseri umani a soffrire nel momento stesso che ricevono un'offesa o un'ingiustizia? Che cosa c'è dentro di noi che, automaticamente, ci fa sentire che qualcosa è ingiusto?

FURY - Mi dica, qual è lo scopo dell'esistenza?

MON - Tutto l'universo si muove ed evolve verso un obiettivo preciso. C'è qualcosa al di sopra di noi e prima di noi, che dirige e allinea tutti i sistemi al suo originario messaggio. Quest'immenso movimento, per continuare nel suo coerente procedere, deve necessariamente conservare l'equilibrio iniziale. Quest'equilibrio si traduce, per quanto riguarda la terra, nella realizzazione della giustizia, presupposto necessario perché non si perda l'armonia con il tutto. In questa concatenazione di mondi, qualora un sistema intermedio, come la terra o ad esempio il nostro sistema solare, entrasse, per così dire, in crisi e non realizzasse il suo preciso scopo per cui sta esistendo, non potrebbe comunque essere abbandonato del tutto, ma verrebbe in qualche modo riportato nella sua linea specifica predestinata. Lo scopo e la regolazione dell'originaria informazione da parte dei sistemi intermedi, non si realizza meccanicamente e automaticamente, ma presuppone uno sforzo consapevole delle parti intermedie chiamate ad allinearsi alla memoria iniziale. Anche se nella gerarchia necessaria di tutto l'organismo, alcuni sistemi sono considerati superiori ad altri, l'importanza degli ultimi e più piccoli equivale a quella dei più grandi, poiché questi permettono la connessione dell'informazione originaria ai mondi più freddi e lontani. Così, nel nostro sistema solare, se è vera la centralità e superiorità del sole, è anche vera l'importanza della nostra terra, quale stazione ricevente del messaggio solare stesso, che non saprebbe altrimenti dove scaricarsi. Siamo noi, in definitiva, seppur piccoli e lontani, a permettere al sole di raggiungere e far pervenire il suo messaggio di luce alle zone periferiche del sistema. Se la terra non fosse esistita, molto probabilmente al sole sarebbe mancata l'attrazione verso di lei e i suoi raggi avrebbero avuto una direzione e un destino diversi.

C'è però, una differenza essenziale tra noi e il sole, che qui sono obbligato a sottolinearti: come la luna è figlia della terra, noi siamo figli del sole; non possiamo vivere senza di lui, mentre l'astro di luce potrebbe anche fare a meno di noi. La vita e i tempi del sole sono diversi dai nostri, come anche tra i pianeti. Noi abbiamo bisogno del sole, come l'essere umano ha bisogno del cuore. L'origine della vita è la luce e il sole è colui che la rappresenta.

FURY - Che cosa significa essere figli del sole?

MON - Significa quello che ho detto. Come un genitore ha la responsabilità sui propri figli, così il sole ha la responsabilità sui pianeti che illumina. Non devi sembrarti strano quello che ti dico; volevo solo ricordarti alcune analogie tra il nostro mondo terrestre e il sistema cosmico. La luna, a sua volta, quale necessario intermediario, lavora ad amplificare l'energia solare alla frequenza specifica della terra e con i suoi movimenti crea i ritmi e l'armonia degli elementi, che permettono la vita sul nostro pianeta. In questi immensi meccanismi celesti non esiste il caso o l'esclusiva meccanicità; ogni singola parte è in funzione del tutto. Nel piccolo, l'essere umano, quale fedele riflesso di questi mondi, nel procedere della sua vita, è chiamato anche lui a realizzare gli stessi presupposti dei sistemi più grandi a lui corrispondenti.

Gli organi del corpo umano si potrebbero immaginare come i pianeti del più grande sistema cosmico. Il cuore, con il suo ritmo e la sua centralità vitale, rappresenta, nel piccolo, ciò che il sole è per il suo sistema. Tutti gli organi si allineano al ritmo pulsante del cuore attraverso l'informazione che viene impressa nel sangue e trasmessa fino alle zone periferiche. L'aria, quale elemento più sottile, spinta dai polmoni, incontrerà il sangue per ossigenarlo, rivitalizzarlo e caricarlo della nuova e rinnovata informazione aerea. Come nel cosmo, così nel corpo umano, ogni singola parte deve fare in modo di non perdere il collegamento con il centro. Se per un motivo qualsiasi, sulla terra si perdesse il contatto o ci si sconnettesse con il resto del sistema, i nostri parametri di valutazione verrebbero automaticamente ridotti alla nostra semplice realtà terrena e non realizzerebbero lo scopo cosmico, che si erano prefissati e per cui stavano vivendo.

Che lo vogliamo o no, qui sulla terra, siamo predestinati a camminare, o a tornare, qualora ne uscissimo, sull'asse di giustizia e armonia planetaria, che tutto informa e che, per la sua stessa natura amorevole, non può lasciarci. Allineando coscientemente il nostro destino terreno al più vasto e propositivo destino cosmico, saremo informati per attrazione da quei fenomeni che solo ora la scienza scopre come sincronici e che ci porteranno a non essere più solo e semplicemente esseri terreni, ma possibili abitanti di un mondo più vasto che ci corrisponde, c'informa e giustamente ci compete e ci sovrasta.

Addio ragazzo, adesso ho la preghiera.

Conclusione

Ti auguro un futuro radioso, te lo meriti.

FURY

Indice

mauriziocecere63@tiscali.it